기자와 살인자

The journalist and the Murderer

기자와 살인자

재닛 맬컴 지음 | 권예리 옮김

이숲

안둘카(Andulka)에게

"그렇다면 기자는
소설가나 마찬가지라는 얘기군요.
그런 뜻입니까?"

_ 맥도널드 대(對) 맥기니스 명예훼손 재판 중
윌리엄 리 판사의 질의(1987년 7월 7일)

연표

1970. 2. 17   군의관 제프리 맥도널드의 자택에서 아내와 두 딸이
               살해됐다. 맥도널드는 피의자 신분으로 군사재판에 넘
               겨졌으나 무죄로 풀려났다.

1979   맥도널드 살인 사건 형사재판이 열렸다. 재판 결과로
               맥도널드는 삼중살인 유죄 판결을 받고 투옥됐다.

1983. 봄   맥도널드 살인 사건을 다룬 맥기니스의 책 『치명적 환
               영』이 출간됐다.

1984   맥도널드가 맥기니스를 상대로 명예훼손 소송을 제기
               했다.

1987   로스앤젤레스에서 맥도널드 대 맥기니스 명예훼손 재
               판이 미결정 심리로 끝났다. 맥기니스가 맥도널드에게
               합의금을 지급했다.

1989   재닛 맬컴의 기사 「기자와 살인자」가 주간지 『뉴요커』
               에 실리면서 언론의 본질을 둘러싼 광범위한 논쟁이
               시작됐다. 기사는 이 책의 토대가 됐다.

1990   재닛 맬컴의 『기자와 살인자』가 출간됐다.

등장인물

- · 제프리 맥도널드(Jeffery MacDonald, 1943-)
  아내와 두 딸을 살해한 혐의로 복역 중인 의사
- · 조 맥기니스(Joe McGinniss, 1942-2014)
  맥도널드 살인 사건을 다룬 논픽션 『치명적 환영』을 쓴 작가

1) 맥도널드 살인 사건

- · 콜레트 맥도널드(Colette, 1943-1970)
  제프리 맥도널드의 아내
- · 킴벌리 맥도널드(Kimberly, 1964-1970)
  제프리 맥도널드의 첫째 딸
- · 크리스틴 맥도널드(Christine, 1967-1970)
  제프리 맥도널드의 둘째 딸
- · 프레디 카삽(Freddy Kassab)
  콜레트 맥도널드의 양아버지
- · 버나드 시걸(Bernard Segal)
  군사재판과 형사재판에서 제프리 맥도널드 측 대표 변호사
- · 마이클 말리(Michael Malley)
  제프리 맥도널드의 대학 시절 룸메이트이며 군사재판과 형사재판에서 맥도널드 변호에 참여한 변호사
- · 밥 키일러(Bob Keeler)
  일간지 『뉴스데이』 소속으로 맥도널드 살인 사건을 오랫동안 담당한 기자
- · 제임스 블랙번(James Blackburn)
  맥도널드 살인 사건 형사소송의 검사
- · 브라이언 머터프(Brian Murtaugh)
  맥도널드 살인 사건 형사소송의 검사

2) 맥도널드 대 맥기니스 명예훼손 소송

- 대니얼 콘스타인(Daniel Kornstein)
  맥도널드 대 맥기니스 소송에서 맥기니스 측 대표 변호사
- 게리 보스트윅(Gary Bostwick)
  맥도널드 대 맥기니스 소송에서 맥도널드 측 대표 변호사
- 윌리엄 버클리(William F. Buckley, Jr)
  논픽션 작가, 소설가
- 조지프 왐바우(Joseph Wambaugh)
  전직 경찰관 출신의 실화 범죄소설 작가
- 마이클 스톤(Michael Stone)
  맥도널드 대 맥기니스 재판에 전문가 증인으로 참석한 정신과 의사
- 제프리 엘리엇(Jeffrey Elliot)
  맥도널드 대 맥기니스 재판에 전문가 증인으로 참석한 대학교수,
  기자

3) 기타

- 스털링 로드(Sterling Lord)
  조 맥기니스의 출판 에이전트
- 로스 클레본(Ross Clairbone)
  『치명적 환영』의 출간 계약을 처음 맺었던 델 출판사의 부사장
- 레이 셰들릭(Ray Shedlick) 제프리 맥도널드가 고용한 사설탐정
- 프랭클린 듀프리(Franklin T. Dupree, Jr)
  맥도널드 살인 사건 형사소송의 재판장
- 윌리엄 리(William Rhea)
  맥도널드 대 맥기니스 명예훼손 민사소송의 재판장

기자라면 누구나, 너무 멍청하거나 오만해서 상황이 어떻게 돌아가는지 모르는 사람이 아니라면, 자기가 하는 일이 도덕적으로 용납될 수 없음을 안다. 기자는 사람들의 허영이나 무지 또는 외로움을 이용해 신뢰를 얻고 나서 가차 없이 그들을 배신하는 사기꾼이나 다름없다. 사람을 너무 믿어서 탈인 과부가 어느 날 잠에서 깨어보니 사랑했던 매력적인 청년이 전 재산을 훔쳐 달아났다는 사실을 알게 되듯이 기자의 취재 대상이 되기로 합의했던 사람은 나중에 자기 이야기가 기사나 책으로 공개된 다음에야 뼈아픈 교훈을 얻는다. 기자들은 각자 기질에 따라 온갖 방법으로 그들의 배신 행위를 정당화한다. 오만한 부류는 언론의 자유와 '대중의 알 권리'를 들먹이고, 재능이 없는 자들은 예술성을 내세우며, 그나마 덜 빤빤한 자들은 다 먹고살려고 하는 짓이라고 털어놓는다.

논픽션의 주인공이 겪는 고통은 작가가 글에서 자기를 미화해주지 않았다거나 진실을 왜곡했다는 등 단순한 차원의 문제가 아니다. 정작 그를 괴롭히는 것, 그의 가슴에 비수를 꽂고 극단적인 복수심을 품게 하는 것은 바로 기자가 자신을 속였다는 사실이다. 그 기자는 어찌나 친근하게 굴고 마음이 잘 통했던지 모든 것을 이해하고 진심으로 공감해주는 듯했다. 그러나 자신이 등장한 기사나 책을 읽으면서 인터뷰 대상은 가혹한 현실을 직시하게 된다. 즉, 기자는 '인터뷰 대상의 이야기'를 글로 쓰는 데 협력할 생각이 추호도 없었고, 애초부터 '기자의 이야기'를 쓸 생각이었다는 사실을 깨닫게 된다. 인터뷰가 진행되는 동안 짐작하고 있던 기자의 의도와 결과적으로 그 인터뷰가 이용된 목적이 전혀 다르다는 사실은 언제나 인터뷰 대상에게 큰 충격을 준다. 인터뷰 대상이 처한 상황은 1960년대 초 예일 대학에서 했던 스탠리 밀그램(Stanley Milgram)의 유명한 심리학 실험 피험자의 상황을 빼닮았다. 뉴헤이븐 지역의 신문 광고를 보고 자원해서 실험에 참가한 피험자들은 그 연구의 목적을 '처벌이 학습과 기억에 끼치는 영향'을 파악하는 것으로 알고 있었지만, 사실 그것은 '권위자의 명령을 받았을 때 피험자가 어느 정도까지 잔인해질 수 있는가'를 알아보는 실험이었다. '순진한' 피험자들은 이 기발한 가짜 실험실에서 다른 자원자가 문제에 틀린 답을 말할 때마다 강도를 점점 높여가며 전기 충격을 주라는 지시를 받았다. 밀그램은 이 실험의 과정과 결과를 소개한 책『권위에 대한 복종(*Obedience to Authority*)』(1974)에서 전기 충격을 받은 사람이 고통스러워하며 비명을 질러도 명령에 따라 계속 전기 충격 강도를 높인 피험자가 너무 많아 놀랐다고 고백했다. 그러나 사실 이 실험은 모두 조작된 것으로 실제로는 전류가 흐르지도 않았고, 피험자가 고통스러워한 것도 연기였으며, 전기 장치는 무대 소도구였다. 밀그램의 의도는 제2차 세계대전 당시 독일에서 유대인 말살에 적극적으로 참여하라는 명령을 받은 평범한 독일인이 놓여 있던 것과 거의 비슷한 상황에서 평범한 미국인이 어떻게 행동하는지를 관찰하는 데 있었다. 실험 결과는 희망적이지 않았다. 몇몇 피험자는 희생자가 고통을 호소하자마자 곧바로 실험을 중단했으나, 대부분 피험자는 명령에 복종하여 잇따라 강한 전류를 흘려보냈다.

그러나 여기서 관건은 밀그램이 고안한 실험의 끔찍한 결과가 아니다. 관건은 상황의 '구조', 즉 의도적으로 심어준 망상과 그 뒤에 따라온 충격적인 폭로의 순간이다. 밀그램 실험의 피험자가 "실험의 진실을 알고", "속임수에서 벗어난" 뒤에 경험한 아찔한 관점의 이동은 책이나 기사의 주인공이 그것을 처음으로 읽었을 때 경험하는 경악과 괴리감에 비할 만하다. 글의 주인공은 밀그램 실험의 피험자가 견뎌야 했던 긴장과 불안을 겪지 않았고, 오히려 인터뷰 기간에 자아도취에 빠져 휴가를 즐기는 기분이었겠지만, '반전'의 순간이 오면 그 또한 자신이 치르는 줄도 모르고 치렀던 인성 검사에서 낙제 점수를 받는 굴욕적인 상황을 직면해야 한다.

그러나 밀그램이 고안한 속임수의 진행 과정을 구체적으로 나열한 『권위에 대한 복종』의 독자와 달리 저널리즘 작품의 독자는 작가가 주인공을 구경거리로 만들어버린 경위를 짐작할 수밖에 없다. 책의 실제 주인공이 직접 나서서 해명할 리는 없다. 그는 함정에 빠졌음을 알게 되자마자 정신을 차리고 모멸의 현장을 서둘러 빠져나간다. 그리고 기자와 맺었던 관계를 의식에서 쓸어내 나쁘게 끝난 과거 연애 사건들의 쓰레기 더미에 던져버린다. 그런데 이따금 글의 주인공이 기자에게 푹 빠진 나머지 그를 놓아주지 않을 때가 있다. 그 끔찍한 책이 수명을 다하여 창고에 재고가 하나도 남아 있지 않은 상태에서도 주인공은 기자가 달아나지 못하게 소송으로 관계를 끈질기게 유지한다. 그러나 여기서도 기자의 배신 경위는 밝혀지지 않는다. 소송을 맡은 변호사가 그 유혹과 배신의 이야기를 인격 모독, 허위 진술, 혹은 진실 묵살 같은 흔하디 흔한 명예훼손의 전통적 서사로 해석하고 정리해버리기 때문이다.

1984년 여름, 논픽션 작품의 실제 주인공이 자기 이야기를 책으로 쓴 작가를 상대로 소송을 제기했다. 놀랍게도 그 저변에 흐르는 배신당한 사랑의 서사는 앞서 언급한 명예훼손의 전통적 서사 중 하나로 옮겨지지 않고, 있는 그대로 전해졌다. 게다가 그 내용이 너무나 설득력 있게 전해지는 바람에 여섯 명의 배심원 중 다섯 명이 아내와 어린 두 딸을 죽인 혐의로 종신형을 사는 죄수가 그를 속인 작가보다 더 동정받아야 마땅하다고 평결했다.

나는 1987년 9월 1일 '대니얼 콘스타인(Daniel Kornstein)'이라는 사람이 내게 보낸 편지를 받고서야 이미 재판이 끝난 이 소송에 관해 알게 됐다. 그가 전국의 기자 30여 명에게 보낸 그 편지는 이렇게 시작했다.

저는 로스앤젤레스에서 6년간 계속되다가 최근에 끝난 배심 재판에서 『치명적 환영(*Fatal Vision*)』[1]의 저자 조 맥기니스(Joe McGinniss) 씨를 변호한 변호사입니다. 아시다시피 이 소송은 맥기니스 씨가 집필한 책의 주인공인 삼중살인 기결수 제프리

---

1) 조 맥기니스의 실화 범죄소설로 제프리 맥도널드 살인 사건을 다뤘다. 제목 '치명적 환영 (fatal vision)'은 영국 극작가 셰익스피어의 희곡 『맥베스(*Macbeth*)』에서 맥베스가 단검의 환영을 보는 장면(2막 1장)에서 따왔다. 이 책의 모든 각주는 옮긴이가 달았다.

맥도널드(Jeffrey MacDonald) 씨가 제기했습니다.

재판은 미결정 심리로 끝났습니다. 비록 원고는 아무런 명예
도 회복하지 못했지만, 재심 가능성이 있다는 것은 사실상 재
판에서 제기된 문제들이 아직 유효하고 진행 중이며 결론이
나지 않았음을 뜻합니다. 그도 그럴 것이, 고교 졸업 후 책을 한
권도 읽지 않았다고 시인한 어느 배심원은 재판이 끝난 뒤에
자기라면 "어떤 작가도" 책에서 주인공으로 등장할 실제 인물
에게 "비진실(untruth)[2]을 말해줘서는 안 된다는 본보기를 보이
기 위해 수백만 달러를" 변상하게 하고 싶었다고 말했답니다.

콘스타인은 이 사기 및 계약 위반 소송의 특징을 "기자나 작
가가 집필과 조사 과정에서 인터뷰 대상에게 미리 자기 의도를
솔직히 알려야 한다는 법적 의무를 명시한 선례를 남기려는" 시
도로 보았다. 그리고 이런 선례가 "기자의 자유를 심각하게 위
협"할 수 있다고 경고했다.

책의 주인공으로 등장한 실제 인물이 불만을 품고 출판된 내
용의 진실 유무와 관계없는 근거를 들어 저자를 고소하는 일
이 역사상 최초로 허용된 것입니다. (…) 지금 역사상 최초로
창작의 전 과정에 걸친 기자의 품행과 견해를 재판해야 한다

---

2) 조지프 왐바우가 정의한 비진실(untruth)의 개념은 이 책의 81~83쪽에 자세히 나온다.

는 문제가 제기됐습니다. (…) 맥도널드의 고소가 시사하는 바는 작가뿐 아니라 신문 기자와 잡지 기자도 인터뷰 대상에게 동정적인 태도를 암시하는 행동을 단 한 번이라도 했다면, 사실을 말했지만 미화되지 않은 기사를 썼다는 이유로 소송당할 수 있고, 소송당하리라는 것입니다.

콘스타인은 피고 측 전문가 증인으로 출석했던 윌리엄 버클리(William F. Buckley, Jr)와 조지프 왐바우(Joseph Wambaugh)의 증언 사본과 "표현의 자유에 대한 이 새로운 위협의 중대성과 그 범위를 강조하려고 애쓴" 자신의 최종변론 발췌문을 편지에 동봉했다. 편지는 이렇게 끝났다. "조 맥기니스와 저는 이 위험이 당면했음을 뼈저리게 실감하고 있습니다. 따라서 여러분이 깊이 주의를 기울이고 우려해야 마땅하다고 생각합니다."

나는 콘스타인이 던진 미끼를 물었다. 그가 편지를 보낸 다른 기자들도 그랬는지는 모른다. 며칠 뒤 나는 조 맥기니스를 만나러 차를 타고 메사추세츠 주 윌리엄스타운에 있는 그의 집으로 갔다. 나와 맥기니스는 앞으로 몇 주에 걸쳐 대화하고 대화 내용을 녹음할 예정이었다. 나는 첫 번째 인터뷰에 큰 기대를 품고 있었다. 내가 기자를 인터뷰하는 것은 처음이었고, 저널리즘을 잘 아는 인터뷰 대상과 나 사이에 어떤 일이 일어날지 궁금했다. 인터뷰할 때마다 기자는 인간의 본성이 얼마나 나약한지를 다시 한 번 확인하고, 그 대가로 순진한 인터뷰 대상에게서 느낄 수밖에 없는 도덕적 불편함을 견뎌내곤 한다. 하지만 이번에는 전혀 그러지 않을 것이 분명했다. 다시 말해 맥기니스와 나는 실험자와 피험자라기보다 일과를 마치고 실험실을 나서서 함께 집으로 돌아가는 동료 실험자들처럼 이 직종의 문제점을 함께 짚어볼 참이었다. 녹음기는 우리가 신랄하게 지적한 내용을 담을 것이며, 어느 쪽도 상대를 '어떻게 할' 생각은 없었다. 대화는 진지하고 수준 높고, 어쩌면 활기차고 위트가 넘칠 수도 있었다.

그러나 일은 그렇게 풀리지 않았다. 맥기니스는 공동 실험자 역할을 거부하고 피험자 역할을 맡으려고 했다. 우리가 함께 보낸 5시간 중에서 처음 1시간이 지났을 때 나는 같은 직종 동료 사이에서 이뤄진 고상한 대화를 예상했던 내 시나리오를 집어치우고, 맥기니스의 뜻을 따르기로 했다. 여느 때처럼 기자는 밥벌이를 염두에 두고, 인터뷰 대상은 마조히즘에 탐닉하는 식의 전통적 '고백' 게임으로 돌아갔던 것이다. 당연한 일이지만, 어떤 인터뷰 대상도 완벽하게 순진하지는 않다. 농락당한 과부와 배신당한 애인이나 친구, 그리고 인터뷰 대상은 자기가 놓여 있는 상황을 전혀 모르지 않지만, 자기 이성보다 더 강한 무엇인가에 끌려 그 관계를 유지한다. 수백 명을 인터뷰했고 이 바닥을 속속들이 아는 맥기니스가 내 앞에서 방어적이고 독선적이며 겁에 질린 인터뷰 대상이 됐다는 사실이 그 '무엇'의 위력을 실감 나게 보여줬다. 인터뷰가 끝날 무렵 그는 전날 꾼 꿈 이야기를 했다.

꿈에서 나는 다시 로스앤젤레스 법원에 가 있었습니다. 2심이 시작된 거죠. 나는 속으로 이렇게 말했어요. '아, 이럴 순 없어. 아직 준비도 덜 됐는데, 너무 촉박해. 1심 결과로 받은 충격에서 아직 헤어나지도 못했잖아.' 아침에 일어나서 비록 전문가는 아니지만, 이 꿈을 풀어보니까, 바로 오늘 기자님하고 인터뷰하는 걸 예시한 꿈이었던 것 같습니다. 무의식중에 이 인터뷰를 재판으로 여기고 있었나 보죠.

6시가 되자 녹음기가 찰칵 소리를 냈고, 맥기니스는 내가 새 테이프로 갈아 넣기를 기다리며 앉아 있었으나 나는 인터뷰를 끝냈다. 이틀 뒤에 그가 내게 전화해서 남은 인터뷰를 취소하겠다며 "이제 지나간 일은 잊고 싶습니다."라고 말했을 때, 나는 놀라기보다는 오히려 안심했다. 나는 맥기니스가 내게 한 고백이 새로운 것이 아님을 이미 눈치챘다. 나 이전에 누군가가 있었고, 무엇인가가 내 앞에서 되풀이됐다. 몇 주 뒤에 맥도널드 대 맥기니스 재판 기록을 읽으면서, 나는 나 이전에 누가 있었고 무엇이 되풀이됐는지를 알게 됐다. 맥기니스가 헤어나지 못했던 것은 – 그가 나와 대화하면서 머릿속에서 속수무책으로 재생하고 있던 것은 – 바로 원고 맥도널드의 변호인 게리 보스트윅(Gary Bostwick)의 나흘 반에 걸친 신문이었다. 보스트윅은 맥기니스가 기진맥진해질 때까지 그를 공격했다. 맥기니스가 재판에서 겪은 일은 우리가 끔찍한 꿈속에서 발가벗겨져 치부를 드러냈을 때나 경험할 만한 것이었다. 그런 악몽에서 깨어나면 꿈이었다는 사실을 깨닫고 감사의 눈물을 흘리게 된다. 지독하게 몰인정한 사람이나 보스트웍의 신문 기록을 읽고도 맥기니스를 동정하지 않을 것이다. 그러나 상대의 기분을 무시하고 자기 방식대로 일하는 기자의 권리를 옹호하는 사람일지라도, 어떻게 맥기니스가 맥도널드에게 보낸 40여 장의 편지에서 자신의 거짓 충성을 서면으로 남기는 경솔한 짓을 했는지는 이해하기 어려울 것이다.

🗒️✏️

맥기니스는 최신작 『맹목적 믿음(Blind Faith)』(1989)을 포함하여 6권의 책을 낸 48세의 작가다. 그는 26세 때 쓴 첫 책 『대통령 팔아먹기(The Selling of the President)』(1968)로 출간 즉시 명성을 얻었다. 1968년 닉슨 대 험프리 대통령 선거전에서 맥기니스는 닉슨 측이 기용한 홍보대행사의 내부 대책회의에 침투했다. 그곳에서 그는 닉슨이 텔레비전에 나올 때 실제보다 더 훌륭한 인물처럼 보이게 하려고 홍보대행사에서 사용한 수법들을 알아내고는, 그것을 자신이 쓴 책에서 폭로했다. 당시는 텔레비전을 정치에 이용한 초창기였고, 맥기니스가 폭로한 수법들은 오늘날 기준으로 보자면 별것 아니지만 당시로써는 몹시 놀랍고 언짢아 보였다.

맥기니스의 책 표지에는 대통령 선거에서 패배한 험프리의 발언이 실렸다. "텔레비전을 이용하는 방법을 배우지 않은 것은 내정치 인생에서 가장 큰 실수였습니다. 내가 맞서 싸운 것은 '포장된 정치'였죠. 인간이 자기 모든 것을 기술자, 대필 작가, 전문가, 여론조사원에게 다 맡기고 그저 매력적으로 포장한 상품이 돼버리다니 참으로 가증스러운 일입니다."

인터뷰 중에 맥기니스는 『대통령 팔아먹기』 집필 과정을 이야기하면서 대통령 선거 홍보에 관한 책을 쓰겠다는 제안을 험프리 진영에 먼저 했다고 해서 나는 깜짝 놀랐다.

험프리 측 사람들은 '미쳤어요? 전부 기밀 사항입니다. 대중이알아서는 안 돼요. 절대 안 됩니다.'라고 말했죠. 험프리 측 홍보대행사인 도일 데인 번바크의 노련한 직원들은 홍보 절차에주목하는 책이 그들한테 이롭지 않다는 사실을 곧바로 알아차렸기 때문에 내가 아예 접근도 못 하게 했습니다. 하지만 닉슨쪽 사람들은 안쓰러울 정도로 순진했습니다. '아, 정말요? 책을 쓴다고요? 그럼요, 괜찮죠.' 이 사람들은 누가 자신에 관해글을 쓴 경험이 거의 없었던 겁니다.

그러고서 맥기니스는 마치 보스트윅의 유령이 바로 옆에 나타나기라도 한 듯이 장황하게 덧붙였다.

하지만 매일 아침 사무실에 들어갈 때마다 '여러분, 나는 민주당 당원입니다. 물론 선거에서 닉슨 씨한테 표를 주지도 않을 테고, 여러분이 시민을 속이려고 하는 짓도 사악하고 악랄하다고 생각하고 있어요. 난 내가 쓸 책에서 여러분을 미화할 생각이 전혀 없다는 사실을 분명히 밝힙니다.'라고 말해야 할 의무가 있다고는 생각하지 않았습니다. 그저, 그들이 이런저런 방법을 두고 논의하다가 내게 '어떻게 생각하세요?'라고 물으면, 방법이 효과적으로 보일 때마다 '좋은데요.'라고 대답했죠. 나는 되도록 그들을 방해하지 않도록 조심했습니다. 책이 출간되자 사람들은 유머 감각의 정도나 닉슨에 대한 지지도에 따라 분노하거나 쓴웃음을 짓기도 했죠. 하지만 그들이 기대했던 것과 다른 내용으로 책을 썼다고 해서, 내가 자기를 속였다며 소송하겠다고 나선 사람은 아무도 없었습니다.

맥기니스의 두 번째 책은 소설 『드림팀(*The Dream Team*)』으로 혹평을 받았고 상업적으로도 실패했다. 그리고 1976년 『영웅들(*Heroes*)』이라는 묘한 책을 냈다. 이 책은 고백 연습 수준의 수많은 고백록처럼, 저자 자신이 고백하고 있다고 생각하는 것이 아닌, 전혀 다른 것에 대한 고백의 기록이다. 자서전을 쓴 작가는 자기 책의 주인공이 돼서, 타인이 쓴 책의 주인공이 된 사람들이 흔히 심하게 배신당하듯이 바로 자신에게 배신당한다. 『영웅들』에서 맥기니스는 이런저런 개인사를 늘어놓았다. 그는 아내와 세 아이를 저버린 죄책감 탓에 여자 친구였던 낸시 도허티(현재 두 번째 부인)를 제대로 배려하지 못한 무력감을 토로한 장과 저명인사 유진 매카시[3], 테드 케네디, 대니얼 베리건, 조지 맥거번, 윌리엄 웨스트모어랜드, 윌리엄 스타이런[4]과의 만남에 대한 장을 나란히 배치했다. 특히, 그는 윌리엄 스타이런을 만나고 실망해서 이제 세상에서 영웅은 사라졌다는 자기 생각을 확인했다고 썼다. 이 책에는 맥기니스가 투츠쇼어 식당에서 매카시와 점심을 먹기 전에 자기가 할 말을 미리 연습하는 장면이 나온다.

내가 매카시에게 하고 싶었던 말은 이것이었다. "그래요, 한때 의원님은 세상의 중심에 있었죠. 모든 일이 의원님을 중심으로 돌아갔습니다. 의원님은 작은 공처럼 우주를 한 손에 들고 있었고, 아무도 그걸 건드리지 못했죠. 하지만 이젠 다 끝났습니다. 그 순간은 지나갔고 다시는 돌아오지 않습니다." 나는 나 또한 세상의 중심에 있었다는 말을 하고 싶었다. 내가 스물여섯 살 때 쓴 책이 미국에서 제일 잘 팔리는 논픽션이었다고 말이다. 거의 모든 언론매체에서 내 책을 좋게 평했고 당연

---

3) 유진 매카시(Eugene McCarthy, 1915-2005)는 미국 정치인으로 의회에서 활발하게 활동했다. 냉전 시대에 반공 활동으로 '매카시즘'을 유행시켰던 조지프 매카시와는 다른 사람이다.
4) 윌리엄 스타이런(William Styron, 1925-2006)은 미국 소설가다. 대표작으로 『보이는 어둠 (Darkness Visible)』, 『소피의 선택(Sophie's Choice)』, 『어둠 속에 누워(Lie Down in Darkness)』가 있다.

히 중요한 책으로 인정됐다. 저자인 나도 중요한 사람으로 간주했는데, 안네 프랑크를 제외하면, 『뉴욕타임스』 베스트셀러 목록의 1위에 오른 최연소 작가였다고 한다. 그러나 그 순간은 지나갔다. 매카시가 아마도 그랬던 것처럼 나도 그 순간을 일부러 지나가게 하려고 애썼다. 그는 어떤 면에서는 승리하지 말았어야 했다. 나도 어떤 면에서는 성공하지 말았어야 했다. (…) 나는 유진 매카시에게 묻고 싶었다. '그다음엔 뭐가 있습니까? 세상의 중심은 어디 있습니까? 왜 우린 거기 머무르지 않았죠? 언젠가 그곳에 다시 갈 수 있을까요?'

매카시가 말을 아끼며 좀처럼 속내를 드러내지 않자 맥기니스는 실망했다. 그는 매카시가 "쉽게 친해질 수 있는 사람이 아니었다."고 썼다. 식당에 하워드 코셀이 나타나자 맥기니스는 다 같이 한잔하러 가자고 부추겼는데, 매카시는 맥기니스가 화장실에 간 사이에 슬그머니 사라졌다. 맥기니스는 테드 케네디 또한 파악하기 어려운 인물로 묘사했다. 베리건은 맥기니스가 찾던 수다스러운 대화 상대여서 그들은 고주망태가 되도록 밤늦게까지 술을 마시며 이야기를 나눴다. 그가 다음 날 아침 베리건이 한 말들을 적어둔 노트를 펼쳐 보니 "노련한 전문 기자의 숙련되고 정확한 필기" 대신 알아볼 수 없이 휘갈긴 낙서와 음탕한 농담들이 적혀 있을 뿐이었다. 맥기니스가 『영웅들』에서 자기에 대해 털어놓은 이야기들은 평범하고 지루했다. 그런데 딱 한 가지 예외가 있었다. 그 예사롭지 않은 사건은 마서스 비니어드 섬에 있는 윌리엄 스타이런의 집 부엌에서 아침 10시 반에 일어났다. 전날 맥기니스는 그곳에서 스타이런과 밤새 술을 마셨다. 맥기니스는 스타이런의 소설 『어둠 속에 누워(Lie Down in Darkness)』를 네 번이나 읽었다고 했다. 맥기니스는 『영웅들』에 다음과 같이 썼다.

나는 취한 것은 아니어도 술이 완전히 깨지 않은 상태로 10시 반에 일어났다. 흐리고 습한 날이었다. 스타이런은 여전히 자고 있었다. 나는 먹을 것을 찾으러 부엌으로 내려갔다. 냉장고 문을 열자, 제일 먼저 눈에 들어온 것은 조지아 주에서 배달된 진공 포장된 신선한 게살 통조림이었다. 스타이런은 전날 밤 그 게살 통조림에 관해 자세히 이야기했다. 그는 그 통조림 통에 전 미국을 통틀어 유일하게 신선한 게살이 들어 있는데, 그것은 바로 진공 포장 덕분이라고 했다. 스타이런은 이 통조림이 무척 비싸고 구하기 어렵지만, 제일 좋아하는 먹거리라고 했다. 마지막 한 개가 남아 있는데, 다음 여름이 오기까지 특별한 날을 위해 그것을 아껴두었다고 했다.
나는 통조림을 열었다. 땅콩이나 테니스공이 든 깡통을 열 때처럼 쉭! 소리가 났다. 한 조각을 집어 먹었다. 맛있었다. 나는 얼른 찬장으로 가서 밀가루와 타바스코소스, 우스터소스를 꺼냈다. 그리고 냉장고에서 달걀, 우유, 생크림, 버터, 피망을 꺼냈고 빵을 부수어 빵가루를 만들었다. 얼른 해치워야 했다. 스타이런이 깨어나기 전에 끝마쳐야 했다. 나는 20분 동안 재료를 섞고 둘둘 말고 양을 재고 휘젓고 부었다. 그리고 전부 오븐 속에 넣었다. 독창적인 게살 파이가 탄생하는 순간이었다. 맛도 좋을 것이 틀림없었다. 안 그럴 리가 있겠는가? 커다란 게살 통조림 내용물을 통째로 넣었으니 말이다.

목욕 가운을 입은 스타이런은 맥기니스가 무슨 일을 했는지 듣고, 처음에는 믿을 수 없다는 표정을 짓더니 곧이어 분노했다. "'그' 게살을 넣었다고?"라고 스타이런이 말했다. 맥기니스는 이어서 이렇게 서술했다. "마치 내가 자기 부인과 정을 통하는 현장이라도 목격한 것처럼 그가 말했다. '이럴 줄은 몰랐소.'" 이야기는 스타이런이 게살 파이를 맛있게 먹고 기분이 좋아져서 유쾌해졌다는 설득력 없는 해피엔딩으로 끝난다. 그러나 이 사건에는 '프로메테우스의 절도'라는 심각한 주제가 담겨 있다. 그것은 창작을 빙자한 범죄, 즉 뭔가를 만들기 위해 훔치는 행위다. 맥기니스가 절도 행위로 처벌받기는커녕 오히려 상을 받는다는 사실이 논점을 흐린다. 물론 책의 실제 주인공이 이따금 자기를 묘사한 내용이 그리 나쁘지 않다고 마지못해 수긍할 수도 있지만, 작가가 도둑질했다는 사실은 변함없다. 통조림 통에 밀봉하고 냉장하여 잘 보관한, 희귀하고 즙이 풍부한 게살은 한 인간의 연약한 본질과도 같다. 주인공이 잠든 사이에, 기자는 그의 본질을 훔친 뒤 엉망으로 만들어버린다. ("그 게살은 풍미가 무척 섬세하단 말이오." 불쌍한 스타이런은 맥기니스가 게살에 타바스코소스, 우스터소스, 빵가루, 생크림을 섞었다는 말을 듣고 이렇게 불평했다) 맥기니스는 이 대목을 집필하면서 훗날 자신이 캘리포니아 법정에서 무자비한 변호사한테 간[5]을 유린당하리라곤 상상도 못 했을 것이다. 아니면 그런 운명을 자초하고자 맥도널드에게 그 편지들을 써 보냈던 것일까?

$$✐$$

맥기니스는 1979년 6월 캘리포니아 주 헌팅턴 비치에서 맥도널드를 처음 만났다. 그가 『드림팀』과 『영웅들』로 잃었던 명성을 되찾고 재능 있는 유머 작가로 자리 잡는 계기가 된, 알래스카에 관한 르포 『극단(極端)으로 가기』(Going to Extremes)를 막 완성한 시기였다. 맥기니스는 일간지 『로스앤젤레스 헤럴드 이그재미너』의 객원 칼럼니스트로 가볍지만 예리한 논평이 담긴 칼럼을 쓰며 캘리포니아 주에 머무르고 있었다. 그런 그가 맥도널드와의 만남을 계기로 유머 장르를 중단하고 전에 해본 적이 없는 '실화 범죄소설' 분야에 발을 디뎠다. 오늘날 미국에서 출간되는

---

5) 앞 페이지에서 저자는 맥기니스를 프로메테우스에 비유했다. 프로메테우스는 불을 훔친 죄로 바위에 결박되고 독수리가 그의 간을 쪼아먹는 벌을 받았다. 그의 간은 하루 만에 재생됐고, 헤라클레스가 그를 구해줄 때까지 날마다 형벌이 반복됐다.

실화 범죄소설 분야의 책은 지루할 정도로 길어야 한다는 한 가지 요건만 충족하면 되므로 어려울 것도 없었다. 맥기니스의 실화 범죄소설 『치명적 환영』의 분량이 663쪽에 달했으니 그 책이 베스트셀러 목록에 올라가는 것은 이미 보장된 사실이었다. 이를 예견했던 출판사는 맥기니스에게 계약금 30만 달러를 선뜻 지급했다.

맥기니스는 칼럼 소재를 찾느라 로스앤젤레스 지역 신문들을 훑으며 읽은 기사를 통해 맥도널드를 만나게 됐다. 살인 혐의로 곧 재판을 받는 그 지역 의사 제프리 맥도널드의 변호 비용을 모금하기 위해 롱비치 경찰관 협회에서 저녁 식사 겸 무도회를 후원한다는 기사였다. 맥기니스는 9년 전에 일어난 그 범죄를 기억하고 있었다. 1970년 2월 17일 맥도널드의 임신한 아내 콜레트(26세)와 두 딸 킴벌리(5세)와 크리스틴(30개월)이 노스캐롤라이나 주 포트브래그의 자택에서 둔기에 맞고 칼에 찔려 죽었다. 당시에 맥도널드는 포트브래그에서 그린베레[6] 소속 군의관으로 복무하고 있었다. 그는 살인죄로 기소됐다가 군사재판에서 무혐의 판정을 받았다. 맥도널드는 아내와 첫째 딸이 비명을 지르는 소리에 깨어났고 방망이와 칼을 든 남자 3명과 촛불을 든 채 "약(LSD)이 죽여준다, 돼지들을 죽여라."라고 노래하는 긴 머리 여자 한 명을 목격했다고 진술했다. 그러나 그의 진술은 무시당했고,

---

6) 미국 육군 특수부대.

살인 혐의자들은 체포되지 않았다.

게다가 집 안에서 침입자의 흔적이 전혀 발견되지 않은 점이나 아내와 두 딸이 야만적으로 살해당하는 상황에서 맥도널드만 의식을 잃고 가벼운 자상만을 입은 점 등이 의문으로 남았다. 살해당한 콜레트의 양아버지 프레디 카삽(Freddy Kassab)이 압박을 가하자, 법무부는 1971년 수사를 재개했다. 게다가 법무부는 여러 해에 걸쳐 맥도널드를 법정으로 소환하기에 부족함이 없도록 설득력 있게 소송을 준비했다. 그러는 사이에 8년이 흘렀고, 맥도널드는 캘리포니아 주로 이주했다. 그는 처자식을 잃은 상실감과 살인 사건 이후 그에게 따라붙은 의혹을 아랑곳하지 않는 듯 생활했다. 그는 재혼하지 않았고 롱비치의 세인트메리 병원 응급의학과 과장으로 성실하게 일하며 캘리포니아식으로 거리낌 없이 즐기며 살고 있었다. 맥도널드는 해변의 작은 콘도형 주택에 살면서 친구들과 애인들을 즐겨 초대했고 종종 그들을 자기 배에 태워줬다. 길이가 11미터쯤 되는 그 배의 이름은 공교롭게도 '회복실'이었다. 그는 금발에 미남형으로 키도 크고 체격도 좋은 35세 남자로, 롱아일랜드 팻처그의 중하층 집안에서 세 남매 중 둘째로 자랐다. 그는 온세상이 자기 집인 것 같은, 초자연적으로 균형 잡힌 듯한 인상을 풍겼다.

맥도널드는 1961년 장학금을 받고 프린스턴 대학에 입학했고, 노스웨스턴 의대를 졸업하고 나서 뉴욕 주 컬럼비아 장로교 병원에서 인턴으로 수련했다. 맥도널드가 프린스턴 대학에서 2

학년을 마친 그해 여름, 스키드모어 대학에서 같은 학년을 마친 여자 친구 콜레트 스티븐슨(Colette Stevenson)은 그의 아이를 가졌다. 두 사람은 아이를 낳기로 하고, 1963년 가을 결혼했다. 콜레트는 대학을 중퇴했고, 프린스턴 대학 캠퍼스에서 킴벌리가 태어났다. 크리스틴은 일리노이에서 태어났다. 콜레트는 얼굴선이 둥글고 부드럽고 예쁘장한 금발 여인으로, 그녀를 아는 사람들은 모두 그녀가 신중하고, 조용하고, 선량하고, 전통적인 여성 이미지가 강했다고 말했다. 살해 당시에 콜레트는 포트브래그의 노스캐롤라이나 주립대학 평생교육원에서 심리학 야간 강의를 듣고 있었다.

모금을 위한 무도회가 열리기 며칠 전, 맥기니스는 무도회에 대한 칼럼을 쓰려고 맥도널드의 집에 갔다. 인터뷰가 거의 끝나갈 때 맥도널드는 맥기니스에게 노스캐롤라이나 주 롤리에서 열리는 살인 사건 형사재판에 참석하고 피고의 변호인단 관점에서 이 사건을 다룬 책을 쓸 의향이 있느냐고 물었다. 그렇게 되면 맥기니스는 변호인단과 합숙하면서 그들의 계획과 전략 등을 전부 알 수 있었다. 이 제안은 맥기니스에게 특히 매력적이었다. 맥도널드가 대략 설명한 상황은 맥기니스가 닉슨의 홍보대행사 사람들과 지냈던 상황을 빼닮은 데다가 그 결과 또한 놀라울 정도로 성공적이었기 때문이다. 우리는 누구나 어린 시절의 관음증에서 완전히 벗어나지 못하지만, 그 관음증이 다른 이들보다 특히 강하게 남아 있는 사람들이 있다. 그들은 '내부인'이 되거나 '내부인 시선'을 얻으려는 열망이 강하다. 윌리엄스타운에서 내가 맥기니스를 인터뷰할 때 그는 인상적인 이미지를 사용하며 말했다.

맥도널드는 명백히 나를 조종하려고 했고, 나는 처음부터 그걸 알고 있었습니다. 하지만 내가 '잠깐만요, 난 그쪽이 날 조종하려 한다고 생각하고, 그 사실을 눈치챘다는 걸 밝혀야겠습니다. 그러니 그쪽이 날 조종할 수 없다는 걸 알겠죠?'라고 말할 의무가 있습니까? 사소한 문제에도 매번 그렇게 경고해야 합니까? 전에는 그런 적이 한 번도 없었습니다. 그래야 한다면 정말 수박 겉핥기식 기사 말고는 아무것도 쓸 수 없어요. 그렇다면 그저 거리를 배회하다가 집에 불이 나서 밖으로 뛰쳐나온 사람들이나 붙잡고 인터뷰하는 수밖에 없다는 겁니다.

맥기니스는 불길에 휩싸인 집 자체가 되고 싶었고, 맥도널드가 그런 제안을 하자 불길의 유혹이 너무도 강해 다른 작가라면 수용하지 않았을 조건, 즉 맥도널드에게 책 판매 수익 일부를 준다는 조건을 수락했다. 맥기니스는 맥도널드가 처음 접근한 작가가 아니었다. 몇 년 전부터 맥도널드는 자기 변호사 버나드 시걸(Bernard Segal. 시걸은 군사재판에서 그를 변호했고, 1982년까지 그의 변호사였다)의 권고로 작가들에게 자기 이야기를 책의 소재로 제안하고 있었다. 시걸의 발상은 결국 착각으로 드러났지만, 그는 책을 팔아서 맥도널드의 변호 비용을 충당하려는 의도를 품고 있었다. 시걸은 맥기니스 재판에서 이렇게 증언했다. "적자가 상당히 커지고 있었습니다. 사람들이 월급도 받지 못하고 일하고 있었으니, 저는 책을 계약하고 계약금을 많이 받으면 경제적으로 도움이 되리라고 생각했습니다."

미끼에 입질은 했지만, 그물에 걸리지 않은 두 명의 작가로 에드워드 키즈와 조지프 왬바우가 있었다. 키즈는 맥도널드 측이 제안한 계약 내용에 합의하지 않았고, 왬바우는 영화 제작에 참여하느라 재판을 참관할 수 없었다. 작가를 찾겠다는 희망이 거의 바닥난 상태였던 탓에, 재판 직전에 맥기니스가 나타난 것은 희망 없는 기도에 대한 응답이나 마찬가지였다. 여기서 두 사람의 욕망은 기막히게 맞물렸다. 맥기니스는 '내부인 자격'을 얻었고("나는 그저 재판에 참석하고 다른 기자들과 앉아 있는 걸 원치 않았습니다." 맥기니스는 내게 말했다. "나는 그 재판을 내부인의 시선으로 보고 싶었고 맥도널드와 그의 변호사들에게 전면적으로 접근할 권한을 원했습니다.") 맥도널드는 돈을 벌게 됐다. 델-델라코트 출판사와 출간 계약을 하고 계약금 30만 달러를 얻어낸 에이전트 스털링 로드(Sterling Lord)와 시걸이 주재한 이 거래에서 맥기니스는 맥도널드 변호인단의 모든 정보에 접근할 권리뿐 아니라 독점권과 모든 법적 면책권을 서면으로 보장받았다. 맥도널드는 다른 작가에게 정보를 줄 수 없으며 책이 마음에 들지 않더라도 맥기니스에 대해 명예훼손으로 소송할 수 없고, 맥도널드는 계약금의 26.5퍼센트와 인세의 33퍼센트를 받는다는 조건이었다. 이 조건은 어찌 보면 작가와 책에서 주인공으로 등장하는 실제 인물이 작업 초반에 교환하는 희망과 선의를 구체화한 것이었다. 맥도널드가 받을 돈은 모든 책의 실제 주인공이 작업이 끝날 때 받기를 기대하는 보상이었을 뿐이다. 보상이 없다면 왜 자신을 작가의 손에 맡기겠는가? 그와 마찬가지로 맥기니스가 맥도널드한테서 받은 서면 확약은 모든 작가가 책의 실제 주인공한테서 받는 암묵적 약속이었을 뿐이다. 책의 실제 주인공이 소송을 제기하지 않고, 신의를 저버리고 다른 작가를 찾지 않는다는 원칙이 '암묵적으로 합의'된 것이다.

그러나 때로는 책의 실제 주인공이 작가를 고소하거나, 다른 작가를 찾거나, 갑자기 인터뷰를 중단하는 경우도 생긴다. 인터뷰 중단은 작업에 치명적인 영향을 미치거나 작가를 극심한 불안에 빠트리기 때문에(작업이 끝난 뒤에, 혹은 아주 오랜 시간이 흐른 뒤에 고소당할 수도 있다) 작가는 계략을 쓰거나 정직하지 못한 수단이라도 써야 한다는 압박에 시달린다. 그런 계략과 수단들이 맥도널드 대 맥기니스 소송에서 전례 없이 면밀하게 검토됐다. 그러나 불안한 쪽은 작가만이 아니다. 작가가 전전긍긍하며 책의 실제 주인공이 계속 '말하게' 하려고 애쓰는 동안, 책의 실제 주인공 역시 전전긍긍하며 작가가 계속 '듣도록' 애쓰게 된다. 책의 실제 주인공은 셰에라자드[7]다. 그는 자기 이야기가 재미없을

7) 셰에라자드는 『천일야화』에 나오는 페르시아 왕비다. 당시 페르시아 왕은 매일 처녀와 결혼

까 봐 두려워하고, 그가 작가에게 하는 엉뚱한 이야기와 자폭에 가까운 경솔한 이야기는 대부분 작가의 주의를 계속 끌려는 절박한 욕구에서 나온다. 맥도널드와 맥기니스의 만남, 끔찍한 범죄 혐의를 받는 사람과 그의 결백을 설명하는 이야기를 듣는 기자의 만남은 저널리즘에서의 일반적 만남이 기괴하게 확장된 형태였다. 일반적으로 책의 실제 주인공이 결백을 호소하는 범죄인 허영, 위선, 오만, 우둔, 평범은 맥도널드가 기소된 범죄보다 덜 심각하지만 같은 결과를 낳곤 한다. 맥도널드의 이야기가 맥기니스의 관심을 끝까지 유지하는 데 결국 실패했다는 사실이 말해주듯이(맥기니스는 수사적 기교가 우월한 검찰 측 이야기에 끌렸다) 책의 실제 주인공이 기자에게 들려주는 이야기는 대부분 그 목적을 달성하지 못한다. 작가는 결국 주인공 위주의 이야기에 질려서 그것을 자신이 구성한 이야기로 대체한다. 책의 실제 주인공과 작가의 이야기는 나쁘게 끝나는 셰에라자드의 이야기다. 책의 실제 주인공이 '자신을 구하는 데' 성공하는 경우는 거의 없다.

하여 하룻밤을 보내고 다음날 처형했는데, 셰에라자드는 왕에게 천 일 밤 동안 재미있는 이야기를 들려준다. 결국 왕은 처형의 악습을 중단하고 셰에라자드를 왕비로 맞아들인다. 셰에라자드는 죽음보다 강한 이야기의 힘을 상징한다.

시걸은 어쩌면 맥도널드와 맥기니스 사이에서 그가 중개한 악마적 계약의 숨겨진 구조를 간파했던 것 같다. 그는 출판사에서 보낸 출간 동의서에 단서 조항을 덧붙였는데, 그것은 얼핏 보기에 변호사가 쓴 표현답지 않게 애매모호했다. 동의서에는 책 출간일이 1979년 8월 3일로 명시돼 있었고, 맥도널드가 맥기니스에게 보내는 편지 형식으로 이렇게 시작됐다. "나는 작가 맥기니스 씨가 현재 내가 받는 살인 사건 재판을 소재로 내 인생에 관한 책을 쓴다는 사실을 인정합니다." 시걸이 수정한 부분은 세 번째 단락이다.

나는 물론 맥기니스 씨가 내 명예를 훼손하려는 의도가 없음을 압니다. 그렇더라도 맥기니스 씨가 이 책을 쓰기에 가장 좋다고 여기는 방식으로 자유롭게 집필할 수 있도록, 나는 책에 포함된 내용이 나를 폄하한다는 이유로 맥기니스 씨와 출판사, 출판권자나 책 제작과 배포에 관여한 모든 이에게 아무것도 주장하거나 요구하지 않겠다는 데 동의합니다.

시걸은 이 단락 마지막에 "내 인생 이야기의 핵심적 진실성이 유지된다는 조건으로"라는 구절을 덧붙여야 한다고 생각했고, 그렇게 했다. 이 구절은 8년 뒤 맥도널드가 맥기니스에게 제기한 명예훼손 소송에서 대단한 위력을 발휘했다. 맥도널드는 맥기니스의 책에서 자기 인생에 대한 "핵심적 진실성"이 유지되지 않았으며 맥기니스가 자기 영혼을 죽이는 죄를 저질렀기에 책임져야 한다고 주장했다. 재판을 맡은 연방법원 윌리엄 리 판사도 맥기니스의 즉결심판 명령 신청을 기각한 것을 보면 원고 측의 도덕주의적 시각에 동의한 것 같았다.

그러나 이 모든 것은 한참 뒤의 일이었다. 1979년 여름 맥도널드와 맥기니스는 다몬과 퓌티아스[8]였다. 다른 책의 실제 주인공과 작가처럼 이들도 복잡한 사업 관계를 '우정'으로 포장했다. 이런 우정은 특히 미국적인 것으로, 함께 텔레비전 스포츠 중계도 보고, 맥주도 마시고, 조깅도 하고, 여자들 외모에 점수를 매기는, 그런 남자끼리의 관계를 의미했다. 『헤럴드 이그재미너』에 맥도널드 이야기를 싣고 몇 주 뒤에, 맥기니스는 칼럼 일을 그만두고 롤리에 가서 맥도널드 변호인단의 내부인이 됐다. 맥기니스는 시걸이 여름 동안 임대한 노스캐롤라이나 주립대학 캠퍼스의 카파알파 남학생 사교클럽 본부에서 맥도널드와 그의 어머니, 시걸, 변호사들, 인턴들, 법대생들, 자원봉사자들과 함께 생활했다. 그중에는 프린스턴 대학 시절 맥도널드의 룸메이트였고 1970년 맥도널드에게 무혐의 판결을 내렸던 군사재판에서 변호

---

8) 다몬과 퓌티아스는 고대 그리스 신화에서 죽음보다 강한 우정을 보여준 두 친구다.

를 맡았던 변호사 마이클 말리(Michael Malley)도 있었다. 피닉스의 법무법인에서 일하다가 잠시 휴직한 말리는 다시 한 번 친구를 위해 일하고 있었는데, 맥기니스가 내부에 들어온 것을 탐탁지 않게 여기고 있었다. 나중에 증언했듯이 말리는 맥기니스에게 개인적 반감도 없었고 다른 사람들처럼 맥기니스를 좋아했지만, 변호인단 내부 관계자들에 작가를 포함하는 처사가 뭔가 위험하다고 느끼고 있었다. 그는 "맥기니스가 항상 옆에 있다면, 변호인과 의뢰인의 특권에 심각한 문제가 생긴다고 생각했습니다."라고 말했다. 그리고 이어서 설명했다. "그 특권은 의뢰인이 변호인에게 말한 모든 내용이 의뢰인의 동의 없이는 변호인 이외의 다른 사람에게 유출되지 않는다는 뜻이기도 합니다. 하지만 변호인단에 속하지 않은 외부인이 옆에 있다는 것은 그 특권을 포기한다는 뜻이 됩니다. 맥기니스는 분명히 외부인이었고, 바로 그 점이 마음에 걸렸던 겁니다." 말리는 시걸에게 맥기니스와 관련하여 우려하는 점을 말했고, 시걸은 변호인과 의뢰인의 특권 문제에 대한 해결책을 내놓았다. 말리는 그리 내키지 않았지만, 그 해답을 받아들였다. 맥기니스는 시걸과 고용 계약서를 작성하여 공식적으로 피고 변호인단의 일원이 됐다. 그에 따라 이를테면 검찰 측이 피고 측의 비밀을 알아내기 위해 맥기니스의 노트를 압수하는 행위를 적법하게 거부할 수 있게 됐다.

롤리에서 열린 형사재판은 7주에 걸쳐 진행됐고 8월 29일에 맥도널드의 유죄 판결로 끝났다. 피고 변호인단은 충격과 공포에 휩싸였다. 판결이 내려지는 순간, 맥기니스는 피고 변호인단 전원이 그랬듯이 눈물을 흘렸다. 맥도널드는 수갑을 차고 노스캐롤라이나 주 버트너의 연방교도소로 이송됐다. 다음 날, 맥도널드는 맥기니스에게 편지를 썼다. 그것은 이후 4년 가까이 계속될 서신 교환의 첫 편지였다. "자네한테 편지라도 쓰지 않으면 미칠 것 같아." 그는 이렇게 첫 문장을 시작했고, 다음과 같은 감상적인 고백으로 끝맺었다.

버니(시걸)가 보고 싶네. 버니는 아마 몹시 괴로워할 테고, 이렇게 된 게 자기 탓이 아니라는 말을 듣고 싶어 하겠지. 어머니도 보고 싶어. 내 모습이 어떻든 어머니는 날 보시면 마음이 진정되실 테니까.(아마 나도 한결 나아지겠지) 내 친구들도, 바라건대 자네를 포함해서 모두 보고 싶다네. 하지만 솔직히 오늘 너무 많이 울었어. 가까운 친구들을 생각할 때마다 눈물이 나. 왠지 말로 표현할 순 없지만 판결 때문에 기분이 더럽고, 내가 더럽혀진 것 같고, 수치스럽군. 왠지 버니와 어머니한테는 그런 생각이 안 들지만, 오늘 자네를 만난다면 마주보거나 악수조차 하기 어려울 것 같네. 물론 난 울면서 자넬 끌어안고 싶어지겠지. 하지만 내가 받은 판결이 큰 소리로 귓가에 울릴 거야. "가족을 죽인 살인자!" 자네한테 뭐라 말해야 할지 모르겠네. 단지 그건 사실이 아니라는 말밖에 달리 할 말이 없어. 그리고 자네가 그걸 알고, 그렇게 믿고, 내 친구이기를 바란다네.

그때만 해도 맥기니스는 '그걸 알지' 못했다. 재판이 진행되면서 그는 맥도널드가 유죄라고 생각하게 됐고, 그가 닉슨의 홍보대행사 사람들에게 그랬듯이 다시 한 번 내부에 침투한 적군이 됐다. 1983년 7월 『치명적 환영』 출간 두 달 전, 형사재판을 참관했던 일간지 『뉴스데이』 기자 밥 키일러(Bob Keeler)는 맥기니스와 인터뷰하면서 롤리에서 그가 놓여 있었던 불편한 상황에 대해 자세히 물었다. 맥기니스는 키일러에게 말했다. "털어놓을 사람이 없었습니다. 내 속마음을 전혀 내비칠 수 없었죠. 법정에서 옆에 앉은 사람에게 '뭔가 잘못된 것 같은데요.'라고 말할 수 없었습니다."

　　"배심원들이 밖으로 나가서 논의하는 동안 어떤 결과를 예상했습니까?" 키일러가 물었다.

　　"배심원들이 유죄 평결을 내릴 거라고 확신하지는 않았습니다. 동시에 속으로 '내가 배심원이라면 유죄 쪽에 표를 던질 거야.'라고 생각했죠. 하지만 배심원 12명 모두 나와 똑같은 결론을 내릴 거로 생각하진 않았습니다. 불일치 배심이 될지 무죄 평결이 될지 모르겠더군요. 하지만 유죄보다는 그 둘 중 하나가 되리라고 예측했습니다."

　　"그랬군요. 유죄 판결이 나온 다음 날 작가님은 버트너 교도소로 갔고, 제프(맥도널드)는 작가님을 끌어안으면서 영원한 친구로 남기를 바란다고 말했습니다. 그때 기분이 어땠습니까? 그 시기에 작가님은 이미 맥도널드가 유죄라는 사실을 알리는 쪽으로 책을 쓰게 되리라는 걸 알고 있었잖습니까? 그때 기분이 어땠습니까?"

"갈등이 엄청나게 심했죠. 난 맥도널드가 살인자라고 확신했습니다. 하지만 그해 여름을 그 사람하고 함께 보냈죠. 어떤 면에서 호감이 가는 사람이었지만, 처자식들을 죽인 사람을 어떻게 좋아할 수 있겠습니까? 난 감정이 매우 복잡한 상태에 있었고, 그자를 교도소에 남겨두고 떠날 수 있어서 기뻤습니다."

인터뷰 후반부에 키일러는 맥기니스에게 대놓고 물었다. "재판을 참관한 기자들은 작가님이 쓸 책에 대해 몇 가지 가설을 제시했는데, 그중 하나가 작가님이 '죄 없이 핍박받은 제프리 맥도널드'에 관한 책을 쓰리라는 예측이었습니다. 또 다른 가설은 작가님이 닉슨에게 했던 행동을 맥도널드한테도 똑같이 하리라는 예측이었습니다. 몇 달 동안 취재원 옆에 붙어서 비밀을 모두 캐내고 막판에 뒤통수를 치는 행동 말입니다. 그래서 궁금합니다. 두 번째 가설이 사실로 드러났는데, 이게 앞으로 작가님한테 문제되지 않을까요? 과연 누가 작가님을 믿을 수 있을까요?"

"결백한 사람은 날 믿어도 되겠죠." 맥기니스가 쏘아붙였다.

"작가님이 제프리를 어떤 면에서 배신했다거나 그에게 몹쓸 짓을 했다는 생각은 들지 않습니까?"

"처음부터 내 의무는 진실에 대한 의무뿐이었습니다."

"지금 제프리 맥도널드에게 어떤 감정이 드시죠? 물론 이건 복잡한 질문이지만, 토크쇼 같은 데서 이런 질문을 당연히 받으실 거고 그때 생각할 시간은 삼십 초, 아니 십 초밖에 없을 겁니다. 어떻게 표현하시겠습니까?"

"지금 이 순간, 묘하게도 맥도널드에게 아무런 감정도 들지 않습니다. 그는 너무 오랫동안 내 의식과 무의식을 점령하고 있었기에 책을 완성한 지금은 무감각해진 상태입니다. 내가 유일하게 느끼는 것은 꼭 맥도널드를 향한 것은 아니고, 예전부터 계속 사건 자체에 대해 느꼈던 슬픔, 아무리 해도 가시지 않는 슬픔입니다. 그저 슬프고 또 슬플 따름입니다. 그는 너무도 비극적이고 끔찍한 쓰레기고, 너무도 어둡고, 핍박당해 내면의 고통에 휩싸인 사람입니다. 겉모습과 너무도 다른 사람이죠. 그 사람이 바라는 모습대로 내가 그를 바라보지 못해서 슬픕니다. 그랬더라면 작업하기가 훨씬 쉬웠을 테니까요."

맥도널드는 손발에 쇠고랑이 채워진 채 버스를 타고 버트너 교도소에서 캘리포니아 주 롱비치 부근 터미널 아일랜드 연방교도소로 몇 주에 걸쳐 이송됐다. 맥기니스는 11월 맥도널드를 만나 집필을 위한 자료 조사를 계속하기 위해 비행기를 타고 롱비치로 날아갔다. 그는 노스캐롤라이나에서 맥도널드와 붙어 지냈지만, 살인 사건 이전 맥도널드의 삶에 관한 이야기를 듣는 인터뷰는 소송이 끝난 뒤로 미뤘던 터라 이제 그 작업을 하게 됐던 것이다. 그러나 맥기니스가 교도소 면회실에 녹음기를 가져가는 일은 금지됐고, 필기조차 허용되지 않았다. 그래서 두 사람은 대면 인터뷰를 대체할 방법을 찾았다. 맥도널드가 카세트테이프에 과거를 회상한 내용을 녹음해서 자기 어머니한테 보내면, 그녀가 그것을 우편으로 맥기니스에게 보내기로 했다. 그때부터 2년 동안 맥도널드는 맥기니스에게 다소 이해하기 어려운 상황에서 녹음한 카세트테이프 30개를 보냈다.(녹음기를 감방으로 어떻게 가져갔을까? 교도관들에게 들키지 않았을까? 그의 어머니는 어떻게 녹음테이프를 몰래 가지고 나오다가 한 번도 들키지 않았을까?) 맥기니스는 녹음 내용을 발췌해 넣은 '제프리 맥도널드의 목소리'라는 제목의 글 여러 편을 본문과 번갈아 배치했다. 맥기니스가 캘리포니아에 일주일간 머무는 사이에 맥도널드는 교도소에서 자동차로 30분 떨어진 곳에 있는 자기 소유의 콘도형 주택을 맥기니스에게 내줬다. 맥기니스는 손님방에서 잤고 낮에는 (맥도널드를 방문하는 시간대는 저녁 무렵이었다) 맥도널드가 맥기니스에게 샅샅이 뒤져봐도 좋다고 흔쾌히 넘겨준 거대한 사건 관련 서류 뭉치를 읽었다. 맥기니스는 서류에서 흥미로운 내용을 많이 발견하여 맥도널드에게 자료 일부를 빌려달라고 했고, 무조건 협조했던 맥도널드는 자료를 운반할 여행용 가방까지 빌려줬다. 맥도널드의 집에서 맥기니스가 발견한 가장 흥미로운 자료는 1970

년 군사재판 당시 맥도널드가 직접 작성해서 자기 변호사들한테 전해준 문서였다.(이 문서는 나중에 공개됐다) 이 문서에서 맥도널드는 살인 사건이 일어나기 전날 저녁 그의 모든 행적을 나열했는데, 암페타민과 수면진정제 성분이 든 체중감량제 '에스카트롤(Eskatrol)'을 그전부터 복용하고 있었다는 사실을 언급했다. 다들 그랬던 것처럼, 그가 왜 아내와 딸들을 그토록 야만적으로 죽였는지 이해할 수 없었던 맥기니스는 여러 약학 서적을 통해 에스카트롤을 다량 복용하면 정신병 증세가 나타난다는 사실을 알아냈다.(에스카트롤은 1980년 시장에서 퇴출당했다) 다음은 맥도널드가 적은 내용이다.

> 오후 5시 45분 가족 넷이 함께 모여 저녁을 먹었다. 그때 체중감량제를 한 알 먹었을 가능성이 있다. 분명히 기억나지 않는다. 아마도 먹지 않은 것 같지만, 먹었을 수도 있다. 그때 나는 우리 부대에서 체중조절 프로그램을 관장하고 있었고, 참여를 권장하기 위해 내 이름을 맨 위에 적어놓았다. 그때까지 3~4주 동안 5.5~7킬로그램을 감량했는데 그 과정에서 에스카트롤 캡슐을 3~5개 복용했다. (맥기니스는 『치명적 환영』에서 이 문단을 인용할 때 "아마도 먹지 않은 것 같지만"이라는 구절을 삭제했다)

맥기니스는 3~5개를 '하루'에 3~5개로 해석했는데, 현실성이 아주 없는 해석은 아니었다. 하루에 3~5개라면 과다 복용이다. 맥기니스는『치명적 환영』에서 맥도널드가 유년기부터 억압해온 여성에 대한 분노가 폭발한 순간에 아내와 딸들을 죽였다는 가설을 내놓았다. 약물(거기에 스트레스, 피로, 그리고 아내 콜레트가 그날 저녁 심리학 수업에서 알게 된 '인성 구조와 행동 양식에 관한 새로운 통찰'의 위협이 결합하여) 때문에 마침내 그의 분노가 폭발했다는 것이다. 맥기니스는 도덕주의적 시각을 견지한 오토 컨버그의 『경계성 장애와 병적 나르시시즘(Borderline Conditions and Pathological Narcissism)』, 크리스토퍼 라쉬의『나르시시즘 문화(The Culture of Narcissism)』, 허비 클레클리의『정상의 가면(The Mask of Sanity)』을 비판 없이 읽은 결과를 토대로 자기 나름대로 이론을 세웠다. 이 책들은 '사이코패스'와 '병적 나르시시즘 환자' 개념을 바탕으로 악의 문제를 완벽하게 설명할 수 있다고 단언한다.(그러나 사실은 새로운 명칭으로 같은 문제를 진술한 주장에 불과하다) 맥도널드 대 맥기니스 소송에서 맥기니스가 맥도널드에게 '병적 나르시시즘 환자'라는 꼬리표를 붙인 의도에 신뢰성을 부여하기 위해 맥기니스 측 변호인 콘스타인은 오토 컨버그를 전문가 증인으로 세우려고 했다. 그리고 맥기니스가 책에서 컨버그가 명명한 병을 앓는 환자들의 증세를 묘사한 표현들 – 과대망상적, 냉혹한, 얄팍한, 무자비한, 타인을 조종하는, 의존적인, 오만한, 시기하는, 자기중심적인, 감정의 깊이가 얕은, 슬픔을 느낄 수 없는 – 을 맥도널드에게 적용해 주기를 원했다. 컨버그는 신중하게 거절하면서, 정신의학자의 탈을 쓴 도덕주의자 역할에 자기 동료 마이클 스톤(Michael Stone)을 추천했는데, 스톤은 이를 승낙하고 그 역할을 훌륭하게 해냈다.

맥기니스가 맥도널드의 집에서 발견한 또 하나의 흥미로운 문서는 조지프 왐바우가 1975년 3월 28일 맥도널드에 보낸 편지였다. 이 편지에는 그가 맥도널드에 관한 책 집필을 고려하는 데 필요한 조건이 나열돼 있었다. 그 편지의 어조는 작가가 앞으로 쓸 책의 주인공이 될 실재 인물에게 보내는 글이라기보다 수하물 보관증에 작은 글자로 적힌 무미건조한 설명문에 가까웠다.

맥기니스는 편지를 읽으면서 상대의 반응을 개의치 않는 왐바우의 태도에 감탄하고, 어쩌면 부러워했을 것이다. 그러나 왐바우는 전직 경찰관이었고,(과거 로스앤젤레스 경찰 소속 수사관이었다) 무엇보다도 미국에서 가장 성공한 대중작가로 분명히 직설적으로 말해도 될 만한 여유가 있었다.(돈이 궁했던 맥기니스는 그럴 수 없었다) "당신은 내가 '당신' 이야기를 쓸 생각이 없다는 사실을 알아야 합니다." 왐바우는 이렇게 쓰고 다음과 같이 글을 이어갔다.

그것은 '내' 이야기일 겁니다. 『양파밭(*The Onion Field*)』[9]이 '내' 이야기고, 『인 콜드 블러드(*In Cold Blood*)』[10]가 커포티의 이야기

---

9) 조지프 왐바우(Joseph Wambaugh, 1937-)의 베스트셀러 실화 범죄소설.
10) 소설가 트루먼 커포티(Truman Capote, 1924-1984)의 대표적 논픽션 작품이다. 살인죄로

인 것과 마찬가지입니다. 우리 둘 다 사건을 우리가 생각하는 대로 해석하고 묘사하고 특징짓도록 권위를 부여한 법적 동의서에 실재 인물의 서명을 받았습니다. 그들은 '그들'이 본 게 아니라 '우리'가 본 진실을 정직하고 충실하게 집필하리라고 믿고, 암묵적으로 우리를 믿은 겁니다.

이 동의서에서 볼 수 있듯이 당신은 내가 묘사한 당신의 모습이 마음에 들지 않는다고 해서 법에 호소할 길이 전혀 없습니다. 또 다른 불쾌한 가능성을 직시합시다. 내가 몇 달에 걸쳐 조사하고, 수십 명을 인터뷰하고, 재판을 몇 시간씩 참관한 다음에 당신이 무죄가 아니라고 생각하게 된다면, 어떻게 할 겁니까? 당신은 '당신의' 이야기를 해줄 작가를 원하는 것 같습니다. 물론 당신의 버전이 내가 보는 진실과 일치할 수도 있죠. 하지만 내가 책을 쓰는 한 보장되는 것은 '전혀' 없습니다. 당신한테는 편집에 관여할 권한이 '전혀' 없습니다. 당신은 책이 출간되기 전에는 내용을 볼 수도 없습니다.

맥기니스는 이 편지를 『치명적 환영』에 인용하면서, 이 편지를 보고 맥도널드가 시걸에게 보낸 메모도 인용했다. "어떻게 생각하세요? 이 사람은 말도 못하게 거만한 것 같지만, 책을 쓴다

사형을 앞둔 페리 스미스(Perry Smith)의 삶을 다뤘으며, '논픽션 소설' 또는 신(新)저널리즘의 시초이자 최고봉으로 꼽힌다.

면 분명히 베스트셀러가 될 겁니다." 맥기니스는 그다음에 이렇게 썼다. "물론 왐바우는 책을 쓰지 않았다. (…) 지금 내가 쓰고 있다." 그리고 왐바우의 거친 어조를 흉내 내 덧붙였다. "왐바우가 책을 썼어도 그랬겠지만, 맥도널드한테는 편집에 관여할 권한이 전혀 없다. 그리고 왐바우가 언급한 '불쾌한 가능성'은 이제 현실이 됐다."

그러나 맥기니스는 정작 맥도널드와 교류할 때는 원래 하던 대로 비위를 맞췄다. 맥도널드와 편지를 주고받고, 전화 통화를 하고, 그의 녹음테이프를 받고, 그를 두 번 방문했던 4년에 가까운 기간에 맥기니스는 집필 중인 책에서 맥도널드를 사이코패스 살인마로 묘사하고 있다는 사실을 완벽하게 숨겼다. 1981년 맥기니스는 델 출판사 담당 편집자 모건 엔트레컨에게 쓴 편지에서 책의 서사적 전략에 관해 언급하면서 주인공이 "너무 일찍부터 혐오스럽게" 묘사될까 봐 걱정된다고 했다. 그러면서 주인공의 가장 악독한 모습들을 "감춰뒀다가 그에게 가까이 다가가서 층층의 가면이 녹아내리는 것을 보고, 비스듬하게라도 저변에 깔린 공포의 핵심을 바라볼 수 있는 마지막 지점에서" 공개하자고 제안했다. 그는 맥도널드와의 불편한 관계를 가리켜 "발밑의 얼음판이 얇아지고 있는데, 난 아직 해안에 가까이 가지 못했습니다."라고 했다. 그러나 맥기니스는 전혀 걱정할 필요가 없었다. 맥도널드는 아무것도 눈치채지 못했다. 밀그램의 기만적 실험에 속은 피험자들처럼 순진한 주인공은 그 작업에 너무도 열중해 감정을 쏟아 부은 결과, 작가가 다른 결말을 준비하고 있다고는 상상조차 할 수 없었다. 밀그램 실험 피험자가 타인의 학습을 '돕는다'라고 생각했듯이 맥도널드도 맥기니스가 그의 무죄를 밝혀주고 그를 일종의 키치적[11] 영웅('사랑이 넘치는 아버지이자 남편', '헌신적인 의사', '능력자')으로 묘사하는 책을 쓰는 일을 '돕는다'고 생각했다. 그와 달리 맥기니스가 맥도널드를 범인으로 고발하고 키치적 악당('관심병 환자', '바람둥이', '잠재적 동성애자')으로 묘사한 책을 썼다는 사실을 알고 나자 맥도널드는 망연자실했다. 게다가 그는 특별히 극적이고 잔인한 방식으로 진실을 알게 됐다. 맥기니스는 교정쇄나 출간 전 견본을 보여달라는 맥도널드의 요구를 한사코 거절했다. 1983년 2월 16일 자 편지에 맥기니스는 단호하게 썼다. "자네가 조급해하는 걸 이해하고, 그 때문에 불쾌한 어조가 나왔다고 생각하겠네. (…) 계약서 어디에도 자네가 출간 6개월 전에 책을 볼 수 있다는 조항은 없었어. 조지프 왐바우가 1975년에 자네한테 말한 적이 있잖나. 그 사람한테 책을 맡겼다면 출간 전에 내용을 전혀 볼 수 없었겠지. 나도 마찬가지라네. 원칙을 지키는 책임 있는 작가라면 누구나 그럴 거라고 믿네." 맥도널드는 이 질책을 받아들였고, 출간 전 책 선전에 열정적으로 몸을 내던졌다. 그가 맡은 일은 텔레비전 시사 프로그램 「60분」에 출연하는 것이었는데, 바로 이 프로그램을 교도소

---

11) kitsch: 대중을 상대로 고전적 작품을 흉내 내 만든 질 낮고 가치 없는 작품.

에서 녹화하던 중에 맥기니스의 표리부동함을 알게 됐다. 진행자 마이크 월러스가 『치명적 환영』의 출간 전 견본에서 맥도널드가 사이코패스 살인마로 묘사된 단락을 소리 내 읽는 동안, 카메라는 맥도널드가 충격에 휩싸여 평정을 잃는 모습을 적나라하게 녹화했다.

『권위에 대한 복종』에서 실험 방법을 설명한 장에서 밀그램은 실험에 관한 소문이 학생 사이에 퍼질까 봐 예일대 학부생을 피험자로 모집하지 않았다고 설명했다. 그러나 작가와 책의 실제 주인공 관계를 미뤄 유추하면, 밀그램 실험에 관해 들은 적이 있는 피험자라고 할지라도 실험의 성격을 조금만 수정하면 함정에 빠질 수 있다고 생각할 만한 근거가 있다. 사실 맥도널드도 글에 묘사된 자기 모습을 보고 (때로 작가를 고소할 정도로) 불쾌해하는 사람들 이야기를 들어봤을 것이다. 그런데도 그는 자기 경우만은 그럴 리 없다고 굳게 믿었다. 더욱 충격적인 사실은 이런 상황에서도 맥도널드는 계속해서 기자들의 선의를 광적으로 믿었다는 것이다. 그동안 수많은 일이 벌어졌지만, 그는 맥기니스에게 했던 것과 똑같이 기자의 인터뷰 요청에 응하고, 편지를 주고받으며, (감옥 밖에서 '게일 보이스'라는 여성이 운영하는 정보실을 통해) 기자에게 자료를 보내고, 기자에게 도움이 되는 일이라면 무엇이든지 했다. 사람들은 기자를 만나면 어떤 심리적 변화가 일어나는 모양이다. 그리고 그때 일어나는 변화는 우리가 예상하는 것과 정반대다. 상식적으로 생각해보면 누구나 자신을 위태롭게 할 수 있는 일에 대해서 극도로 경계하고 조심할 것 같지만, 현실에서는 무조건 믿고 성급하게 구는 모습을 흔히 볼 수 있다. 저널리즘을 위한 만남에는 정신분석 치료를 위한 만남처럼 퇴행 효과가 있는 듯하다. 글의 주인공은 기꺼이 작가의 아이가 돼 작가를 자기 요구를 다 들어주고, 모든 것을 용서해주는 어머니로 여기고, 그런 어머니가 자기에 관해 좋은 말만 하는 기사를 써주리라고 기대한다. 물론 기사를 쓰는 기자는 엄격하고 모든 것을 꿰뚫어 보고 절대 용서하지 않는 아버지 같은 존재다. 윌리엄스타운에서 진행한 인터뷰에서 맥기니스는 그가 동경하는 문학적 영웅 조지프 캠벨의 책에서 읽은 토마스 만의 에세이 일부를 인용했다.

우리가 예술가로서 사물에 던지는 외면적 시선과 내면적 시선은 우리가 인간으로서 같은 사물에 던지는 시선과 다르지만, 더 냉정하면서도 더 열정적이다. 인간으로서 우리는 호의적이고, 참을성 있고, 사랑이 넘치고, 긍정적이고, 모든 일을 수용하는 무비판적인 성향이 있을 수 있으나, 예술가로서 우리 내면의 악마는 모든 것을 '관찰'하라고 강요한다. 번개처럼 빠르게 악의를 동원하여 문학적 차원에서 특별하거나 의미 있거나 인종적, 사회적 유형과 심리학적 유형을 전형화하는 모든 세부 사항을 짚고 넘어가며 마치 관찰 대상과 인간적인 관계를 맺은 적이 전혀 없다는 듯이 무자비하게 모든 것을 기록하게 한다.

"이건 책을 읽지 않는 배심원들 앞에서 주장할 만한 것이 못 됩니다." 맥기니스가 내게 말했다. "하지만 나는 이게 문제의 핵심이라고 봅니다." 그는 맥도널드에 대한 자신의 이중적이고 모순적인 태도들을 '구획화'했다고 말했다. "판결이 나고 18시간 뒤에 맥도널드가 쓴 첫 편지를 읽고 저절로 눈물이 났습니다. 진정으로 슬펐어요. 그는 '자네가 여전히 내 친구고 날 믿는다는 걸 알고 싶을 뿐이야.'라고 썼습니다. 그럴 때 어떤 반응이 적절했을까요? '난 내 고유한 의견을 가질 권리가 있는 작가이고, 자네는 책의 주인공이야. 우리는 문제를 그 차원에 남겨둬야 한다는 걸 알아줬으면 좋겠어.'라고 답장을 쓰는 게 옳을까요? 아니면 '자네 몹시 힘들겠군, 교도소에서 고생이 많지? 난 자네가 정말 걱정된다네.'라고 쓰는 게 좋을까요? 둘 다 당시의 나로서는 거짓이 아니라 진실한 감정을 표현한 것입니다. 하지만 난 내 태도를 각각의 상황에 따라 '구획화'하고 있었습니다. 그런 편지를 쓰는 데 필요한 시간만큼 내 비판력을 유예하고 있었던 겁니다."

맥기니스가 언급한 편지는 맥도널드가 첫 편지를 보내고 나서 12일이 지난 1979년 9월 11일에 맥기니스가 그에게 보낸 답장이었다. 다음은 편지 일부다.

제프에게,
지난 일주일간 아침마다 난 자네가 어디 있는지 궁금해하며 잠에서 깼다네. 버스라니! 맙소사! 교도소 버스를 타고 아메리

카 대륙을 횡단하는 일은 목적지가 실제보다 덜 끔찍하게 보이게 하는 효과밖에 없는 듯하군. 게다가 자네가 당도할 목적지는 몹시 끔찍해 보여. 터미널 아일랜드라니. 다른 건 제쳐놓더라도 이름이 정말 지독하군.[12] 그래도 자네가 글을 쓸 수 있어서, 자네한테 일어난 일과 그 일에 대한 감정을 글로 쓰고 분석할 수 있어 다행이야. 나도 나름대로 많이 생각했고 조만간 더 자세히 설명하겠지만, 자네가 극단적인 제약을 받으면서도 건설적으로 활동할 수 있어 안심이 되네. 그리고 또 자네가 자살하지 않은 것도 정말 다행이지. 그랬다면 책을 쓰는 처지에서 내가 너무 난감했을 테니까. (⋯) 자네가 지금 겪는 것보다 더 지독한 악몽은 없을 거야. 하지만 이것도 다 지나갈 걸세. 아무것도 모르는 사람이라도 자네가 공정하게 재판받지 못했다는 사실을 5분 안에 알아차릴 텐데. (⋯) 어쨌든 우리가 다시 만날 때 이 모든 이야기를 나눌 기회가 있을 거라 믿네.

그건 그렇고, 밥 키일러가 터미널 아일랜드에서 상당 기간 자네를 인터뷰할 계획이라고 하더군. 이 사건에 관해 책을 쓰고 싶고 더블데이 출판사와 논의 중이라고도 했어. 난 그가 책을 쓰지 않았으면 좋겠고, 델 출판사가 이번 주에 내 책 출간과 우리의 완벽하고 배타적인 관계를 선언해서 독점권을 어느 정도 확보해야 한다네. 솔직히 키일러가 자네를 어떻게 생각하는

---

12) 영어에서 터미널(terminal)은 '종착지', '시한부의'라는 뜻이 있다.

지 난 잘 모르겠어. 그가 자네를 유죄라고 생각한다는 뜻은 아니고, 그냥 잘 모르겠지만, 나 말고 책을 쓰려고 계획하는 다른 사람들을 부추기거나 돕지 않는 게 여러모로 낫다고 생각해. 무엇보다도 자네는 존재하지 않는 인간이 될까 봐, 제프가 흔적 없이 사라질까 봐, 제프가 있던 자리에 커다란 공간만이 남을까 봐 두렵겠지. 하지만 그런 일은 없을 거야. 너무나 많은 사람이 자네를 걱정하고 있어. 기분이 우울할 때면 이 사실을 꼭 기억하게. (…) 난 9월 25일에 뉴욕에 있는 집으로 돌아가서 26일에 델 출판사와 책 작업을 논의할 계획이야. 사실 저녁 식사를 할 텐데, 출판사 사장과 스털링(로드)과 내가 합리적인 작업 일정을 짜고, 어쩌다가 예상치 못하게 일이 이 지경이 돼버렸는지 그들에게 설명하려고 한다네. (…) 할 말이 아주 많이 남았지만, 적어도 자네가 캘리포니아에 도착할 즈음에 이 편지를 받아볼 수 있기를 바라네. (…) 며칠 뒤에 또 편지 쓰겠네. 제프, 너무 끔찍해서 아직도 믿을 수가 없군. 배심원들이 들어오고, 각각 의사표시를 하고, 자네는 거기 서서 몇 마디 하고, 밖으로 끌려 나가고, 그러고 나서 자네를 망할 놈의 교도소에서 만나야 한다니, 엄청난 일이야. 여름 내내 새 친구를 사귀었는데 망할 놈들이 달려들어 교도소에 가뒀어. 하지만 오래가진 않을 거야, 제프. 오래가진 않아.

다음을 기약하며,

조

1979년 9월 28일 맥기니스는 또 편지를 썼다.

(…) 자네가 마침내 온종일 족쇄를 차고 있지 않아도 되는 곳에 있어 걱정을 덜었네. (…) 난 자네가 옥에 오래 머무르지 않아도 되기를, 리치먼드(연방항소심법원) 관계자들이 보석 신청의 정당성을 깨닫고 어서 자네를 풀어주기를 바란다네. (…)
내가 캘리포니아로 가서 얼마간 머무는 게 어떨까 해. 정부 관료들이 운명과 작당하여 자네를 거기에 감금했지만, 가능하다면 헌팅턴 비치에서 되도록 자주 만나는 게 우리 둘한테 훨씬 이로울 것 같네. 어쨌든 그때부터 진짜 작업을 시작하는 거지. 이 작업을 통해 돈도 벌고 진실을 만천하에 알리겠지만, 가장 중요한 건 자네가 날마다 뭔가 건설적으로 할 일이 생긴다는 걸세. 뭔가 실질적이고, 가치 있고, 중요한 일 말이세. 그건 자네의 분노와 이런저런 생각을 표출하는 수단이 될 걸세. 난 모든 죄수가 자신이 연루된 사건에 관해 책을 쓰는 작업을 할 수 있어야 한다고 생각하네. (난 농담으로라도 자네를 부를 때 '죄수'라는 단어를 타자기로 치는 게 부당하다고 느끼고, 다음 주에 리치먼드에서 보석을 인정해서 이 시기가 별 문제 없이 어서 지나가기를 간절히 바라네) (…)
제프, 이 모든 걸 받아들이기가 아직도 몹시 어렵다네. 자네가 감옥 생활과 버스 안에서 보낸 시간에 대해 쓴 글을 읽는 것도 그렇고, 무엇이 잘못됐는지에 대한 의문에 모두 답하려고 하는 것도 마찬가지일세. 물론 가장 자명한 대답은 자네가 이미 찾아냈어. 바로 배심원 선정이지. 완전히 미친 짓이었어. (…) 그거 하나면 뭐가 잘못됐는지 설명하기에 충분할 거야.

제기랄, 제프, 그중에서도 가장 슬픈 건, 날 포함한 자네의 모든 친구가 자네와 함께하는 즐거움을 아예 박탈당했다는 거라네. (…) 그자들은 대체 무슨 생각을 한 거지? 어떻게 12명이나 되는 배심원이 한 사람의 인생이 걸려 있는 문제에 대해 그토록 참혹한 시나리오를 합리적인 의혹도 없이 믿는 데 합의할 수 있지? 고작 6시간 반 만에? (…)

자네도 알아차렸겠지만, 난 편지 쓸 때는 책 쓸 때처럼 단어를 고르고 문장을 구성하는 데 주의를 기울이지 않아. 난 원래 편지를 쓰지 않는다네. 그래서 매달 전화비가 주택담보대출 상환금만큼 들지. 글을 쓰는 건 내 직업이고 주의를 기울이지 않은 상태로 글을 쓰고 싶진 않네. 내가 편지를 제대로 쓰려면 거의 소식을 전하지 못할 테고, 그러면 자네는 내가 등산 가서 실종이라도 됐거나 프레디 카삽을 주인공으로 책을 쓰기로 마음먹었다고 생각할지도 몰라. 그래서 비록 완전히 표현하지는 못했지만, 내가 말하려는 건 그동안 일어난 모든 일이 참으로 유감스럽다는 거라네. 어서 자네를 다시 만나 책 작업에 열중하고 싶네. 그러면서 비탄 속에서 경험한 과거의 좋지 않은 경험들도 살려내야겠지만, 다시 자네와 함께 웃으며 즐거운 이야기와 새로운 경험들을 나누고 싶다네.

이 초기 편지들은 마치 오페라 서곡처럼 이후에 이어질 서신 교류의 모든 주제를 예고한다. 『치명적 환영』의 출간이 코앞으로 다가와서 맥기니스가 맥도널드에게 다소 냉정하고 조심성 없이 대해도 된다고 여기기까지, 맥기니스는 맥도널드에게 쓴 편지에서 우정을 장담하고, 맥도널드의 처지를 걱정하고, 항소에 관해 조언하고, 집필을 위한 정보를 요구하고, 경쟁 작가들 때문에 초조해했다. 그중에서도 경쟁 작가에 관해 맥기니스가 쓴 대목은 거북한 내용으로 가득 차서 특히 읽기 괴롭다. 작가라면 누구나 경쟁자를 우려한다.(모든 작가는 자기가 다루는 주제로 다른 누군가가 작업하고 있다고 생각한다. 이것은 무한정 미루려면 미룰 수 있는 글쓰기 작업을 완성하는 데 필수적인 피해망상의 일면이다) 더구나 맥기니스한테는 걱정할 만한 이유가 있었다. 실제로 맥도널드 사건에 관해 책을 쓰려고 계획한 사람이 두 명 있었다. 『뉴스데이』 소속 기자로 1970년대 초부터 사건을 보도한 밥 키일러가 있었고, 다른 한 사람은 살해당한 콜레트의 양아버지 프레디 카삽으로 그는 자기 버전을 그대로 책으로 써줄 작가를 찾고 있었다. 그러나 맥도널드에 관한 책을 맥기니스 혼자서만 쓸 수 있도록 맥기니스와 에이전트, 출판사가 취한 조치들은 놀라울 정도로 유효했다. 맥기니스는 9월 28일 자 편지에 이렇게 썼다.

난 자네 어머니께 자네가 교도소에 있는 동안 되도록 인터뷰를 하지 않았으면 좋겠다고 말씀드렸네. 인터뷰가 지금 자네한테 도움 될 리가 없기 때문이야. 특히 키일러가 문제지. 키일러가 책을 계속 쓰고 있는지는 잘 모르겠지만, 솔직히 말해서 자네가 관심을 보여야 하는 유일한 책은 내가 앞으로 2년 동안 내 삶을 쏟아 부어 쓸 책일세. (…) 스털링과 로스 클레본(델 출판사의 부사장) 둘 다 지금 자네가 등장하는 심층 취재 기사나 인터뷰 같은 게 내 입지를 갉아먹는다며 심각하게 고민하고 있다네.

1979년 11월 19일 맥기니스가 맥도널드에게 쓴 편지.

키일러는 상당히 흥분한 것 같고 자네 어머니 말씀으론 스키넥터디와 그 부근을 탐색하면서 자네 여동생의 옛 지인들을 취재하려 한다고 하네. 키일러는 정말로 책을 쓰려는 것 같고, 프레디는 책 쓸 사람을 찾고 있으니, 우리도 서둘러야겠어.

1979년 12월 18일 맥기니스가 맥도널드에게 쓴 편지.

프레디 카삽이 공식적으로 인정했네. 뉴욕타임스 출판부는 (…) 자네와 그 살인 사건에 관한 책을, 프레디가 어떻게 해서 자네를 법정에 세울 수 있었는지에 관한 책을 쓰기로 그와 계약했다네. (…) 이 일로 프레디는 내게 아무것도 말해주지 않을 테니 내 책에 약간의 차질이 생기게 됐네. 그리고 두 책이 동시에 혹은 비슷한 시기에 출간되지 않게 해야 한다는 점을 확실히 말해두고 싶네. 어느 책이 먼저 출간되든 상관없지만, 동시에 나오지는 않았으면 좋겠어. 내가 프레디와 함께 전국 토크쇼에 출연하는 모습을 상상할 수 있겠나?

내 생각엔 자네 쪽에서 버니(시걸)가 뉴욕타임스 출판부에 편지를 보내서 그들에게 이 상황과 명예훼손과 사생활 침해 관련 법조항이 어떻게 적용되는지 상기시키는 게 어떨까 싶네. (…) 어쨌든 뉴욕타임스 출판부는 '뉴욕타임스'라는 이름이 들어가서 인상적이긴 하지만, 그곳과 엮이는 게 특별히 좋은 일은 아니야. 거긴 분명히 최고 수준의 출판사도 아니고 그 아래 수준에도 못 미치거든. 그렇더라도 프레디 카삽이 책을 내지 않는 쪽이 자네나 나나 마음이 편하겠지. 때맞춰 그들에게 법적인 사항을 상기시켜서 그걸 멈출 수 있다면, 그런 시도를 해볼 만한 가치가 있다고 생각하네. (…)

이 편지를 쓰면서 나는 로스 클레본한테 전화해서 그가 이 일을 어떻게 생각하는지 알아보기로 했네. 그는 조금 전에 전화 한 통을 받았는데 타임라이프 출판사 편집자가 맥도널드에 관한 책을 쓰겠다는 기획을 '고려하는' 중이라고 말했다네. 이 편집자는 내 책이 얼마나 진척됐는지 알고 싶어 했고, 로스는 상당 부분 진행돼 자료 조사가 끝났고 집필 작업도 잘되고 있다고 대답했다는군. 출판계에선 이런 걸 한번 떠보는 상대를 물리치는 방법이라고 하지. 타임라이프 편집자는 어떤 작가의 기획을 고려하는 중인지 말해주지 않았고, 이제 상황이 극도로 혼란스러워졌네. 이게 세 번째 책일까?(어쩌면 키일러의 책?) 아니면 프레디의 기획이 뉴욕타임스가 아니라 타임라이프에서 아직 결정되기 전 검토 단계에 있는 걸까? (…) 내일은 돼야 새 소식이 오겠지만, 어쨌든 지금 자네는 출판계라는 멋진 세계에서 때로 문학적 재능만큼이나 임기응변이 얼마나 중요한지 실시간으로 지켜보는 드문 기회를 얻은 거라네.

1979년 12월 20일 맥기니스가 맥도널드에게 쓴 편지.

시시각각 변하는 출판계 소식일세. 뉴욕타임스 출판부는 프레디 카삽의 책을 계약하지 않았어. 로스 클레본이 처음에 받은 정보가 잘못된 거였네. (…) 1월 초 델 출판사는 『퍼블리셔스 위클리』, 『버라이어티』 등 여러 매체에 우리가 책 작업 중이고 크게 한 방 터뜨릴 거라는 보도자료를 보내서, 이 주제로 책을 쓰려는 다른 사람들을 저지할 거야. 이런 활동을 계기로 영화 판권에 관심을 보이는 사람들이 나타나기도 하지.

1980년 1월 10일 맥기니스가 맥도널드에게 쓴 편지.

키일러의 기사가 곧 『뉴스데이』에 실릴 거라고 하네. 아마 그는 그 기사를 논픽션 작품 기획에 활용하겠지. 작업을 벌써 얼마나 많이 해놓았는지를 보여주는 거지. 그래서 이 상황을 조금 진정시키려고 델 출판사는 오늘 아침 각 언론사에 화려한 보도 자료를 보냈어. (…) 유명 저자(바로 나, 맥기니스일세)가 지난 10년 사이 가장 기상천외한 범죄 사건을 취재한 대단한 책을 쓰기로 하고 계약금만 수십만 달러에 달하는 계약서에 서명했다는 식으로. 델 출판사는 내가 자네한테 접근할 '완전하고 배타적인' 권한이 있고, 원고도 3분의 2 정도를 벌써 완성한 것처럼 작업이 상당히 진척됐다고 강조했다네. (…) 이번 주에 스털링이 『뉴스데이』 내부에 있는 정보통을 통해 키일러의 기사가 언제 실리는지 알아봐 줄 거야. 기사가 대단한 모양이더군. 난 다른 사람이 나보다 이 일에 대해 조금이라도 더 많이 알고 있다는 게 마음에 걸리네. 자네의 팻처그 시절에 관해서는 키일러가 나보다 훨씬 더 많이 알고 있어. 그래도 우리가 따라잡을 거로 믿네. 자네도 알고 있겠지, 키일러한테 협력하지 않는 게 현명한 처신이라는 걸.

1980년 2월 26일 맥기니스가 맥도널드에게 쓴 편지.

키일러의 기사가 지난 주말에 지면에 실렸는데 정말 쓰레기였다네. 어휴! 한 편의 천박한 드라마 같았지. 키일러는 속마음과 달리 자네한테 노골적으로 적대적이진 않았지만, 기사 자체가 형편없었어. 글도 엉망이어서 놀랐네. 구성도 엉성하고 결말은 아무 의미도 없었어. 그래도 예전에 재판을 다룬 기사는 잘 썼는데. (…) 대체 키일러가 롱아일랜드에서 6년간 조사한 자료에 어떤 가치가 있을지 의문이네.

1980년 3월 18일 맥기니스가 맥도널드에게 쓴 편지.

내가 여기 돌아오자마자 로스 클레본이 흥분한 목소리로 전화를 걸어서 프레디가 자기 책을 내줄 출판사를 구하는 데 성공했다는 사실을 알려줬다네. 더 골치 아픈 건 일류 작가 한 사람이 이 사건을 소재로 책을 쓴다는 사실일세. 그 작가 이름은 J. D. 리드. 『스포츠 일러스트레이티드』 기자이기도 하고 D. B. 쿠퍼 항공기 납치 사건을 다룬 소설 『자유 낙하(*Free Fall*)』의 저자이기도 하지. 이 책이 아주 잘 팔리고, 막 영화 판권도 팔려서 리드는 갑자기 뜨고 있고, 할리우드에선 프레디 이야기의 영화화에도 관심을 보인다고 하네.

1980년 3월 28일 맥기니스가 맥도널드에게 쓴 편지.

동부 표준시 구간의 겨울이 지나갔는데도 언제 끝날지 모르는 흐린 나날에 전하는 일류 출판계 소식일세. (…) 지난 주말 버니와 얘기했는데, 버니가 더블데이 출판사 사장과 리드한테 각각 편지를 쓰겠다고 했네. (…) 리드는 이미 로스 클레본한테 그 작업을 하기로 "약속한 것은 아니고" 법적인 문제도 있으니 상황을 전반적으로 다시 확실하게 검토해야겠다고 말했다네. 그 뒤로는 들은 말이 없지만, 장담하건대 버니가 더블데이 출판사에 편지를 보내면 그들이 작업을 둘러싼 상황을 자세히 검토할 것이고, 작가와 출판사가 둘 다 흔들리고 있으니 프레디는 원점으로 돌아가는 수밖에 없겠지. 두고보세나. (…)

게리 보스트윅은 체구가 통통하고, 콧수염이 텁수룩하며, 작은 눈에 금테 안경을 쓴 49세 남성이다. 그를 보면 외모는 평범하지만 특출하게 예의 바르고, 쾌활하고, 두뇌 회전이 빠른 사람이라는 인상을 받는다. 명예훼손 소송의 피고가 된 맥기니스의 가장 큰 문제는 맥도널드에게 보낸 수십 장 편지에서 비롯했지만, 게리 보스트윅이 원고 측 변호인이었다는 사실 역시 그에 못지않은 불운이었다. 보스트윅은 "난 배심원들을 참 좋아합니다."라고 말하곤 했다. 그런데 더 중요한 사실은 배심원들이 그를 좋아한다는 것이었다. 배심원들은 증거를 검토하고 판단하기 위해 배심원석에 앉아 있지만, 사실 그들은 인격을 검토하고 판단한다. 그들은 여간해서는 무엇이든 그냥 지나치지 않는다. 내가 맥도널드 대 맥기니스 재판의 배심원들과 대화하면서 그들이 양측 변호사한테서 받은 인상을 물었을 때, 그들은 콘스타인을 가장 나쁘게 평가했다. 그 이유는 콘스타인이 젊은 동료에게 자주 면박을 줬기 때문이었다. 한번은 젊은 동료가 증인을 신문하면서 콘스타인이 실수라고 여긴 발언을 하자, 콘스타인은 그에게 자리에 앉으라고 단호하게 명령했다. 대조적으로 배심원들은 보스트윅의 행동은 흠 잡을 데가 없었다고 말했다. 재판 과정과 재판이 끝난 뒤에 많은 사람이 왜 저렇게 선한 사람이 그토록 끔찍한 의뢰인을 변호하는지 의문을 품었다. 보스트윅의 의뢰인은 처자식을 죽였고, 유명 작가가 자신에 관해 쓴 책이 마음에 들지 않는다며 소송을 제기한 뻔뻔한 사람이어서, 이런 소송은 성공 보수금에 굶주린 저급한 인간들이나 할 일이지 정직하고 명망 있는 변호사가 간여할 사안은 아니라고 생각했기 때문이다. 소송에서 이기거나 고객에게 유리한 방향으로 합의하는 경우에만 성공 보수금을 받는 방식이 아니라, 정상 요율을 적용하기로 한 보스트윅은 이 소송에 대한 그런 오해(신문, 라디오, 텔레비전 보도에도 반영된)를 바로잡지는 못했다. 그렇더라도 그는 맥도널드와 맥기니스의 만남을 콘래드[13]적인 도덕성 상실의 우화로, 그리고 이

---

13) 조지프 콘래드(Joseph Conrad, 1857-1924)는 폴란드 태생의 영국 소설가로 도덕과 부도덕의 경계가 모호해지는 상황과 인물을 주로 탐색했다. 대표작 『암흑의 핵심(*Heart of Darkness*)』, 『로드 짐(*Lord Jim*)』, 『노스트로모(*Nostromo*)』가 있다. 『로드 짐』은 화자 말로우가 주인공 짐의 이야기를 하는 액자 소설이다. 짐은 영국 선원으로 여객선에 탔다가 배가 침몰할 위

소송을 부도덕한 자에 대한 응징에 필수적 절차로 해석하도록 6명의 배심원 중 5명과 후보 배심원 1명을 설득하는 데 성공했던 것이다.

누구나 보스트윅이 맡은 임무가 완전히 실현 불가능하지는 않더라도 몹시 어렵다고 생각했을 것이다. 로드 짐(Lord Jim)을 불러서 그의 배에 탄 순진한 순례자들의 신의를 왜 배신했는지 설명하게 하는 것과 기자가 흉악범에게 저지른 사소해 보이는 잘못을 탓하는 것은 별개 문제다. 그러나 이 평범하지 않은 소송에서 일어난 신기한 현상 중의 하나가, 보트스윅은 자기 논리를 세우는 데 별로 어려움을 느끼는 것 같지 않았지만 콘스타인은 몹시 어려워했다는 사실이다. 콘스타인은 상대가 살인자라고 해서 자기가 당연히 유리한 고지를 차지할 수 없다는 사실을 깨닫고는 크게 실망했을 것이다. 배심원들한테 맥도널드가 유죄 판결을 받았다는 사실을 계속해서 강조한 콘스타인의 전략은 전혀 먹히지 않았다. 배심원들은 콘스타인이 자신의 지적 능력을 무시하는 것 같아서 언짢았다고 말했다.(그들은 보스트윅 때문에 더욱 그렇게 생각하게 됐다. 보스트윅은 최종변론에서 콘스타인이 맥도널드를 "유죄 평결을 받은 살인자"라고 여러 차례 부른 것을 두고 "사람들이 옥시돌

기에 처하자 다른 선원들과 함께 승객을 버리고 도망친다. 다른 선원들은 법망을 빠져나가지만 짐은 혼자서 재판을 받고 선원 자격증을 빼앗겨 다시는 여객선에 오를 수 없게 된다. 재판 중에 짐을 알게 된 말로우는 짐의 행동이 도덕적으로 옳지 않다고 생각하면서도 보통 사람처럼 행동했을 뿐인 짐을 측은하게 여겨 해운회사 사무직을 마련해준다.

을 사야 한다는 것을 뇌리에 새기려고 '옥시돌'이라는 단어를 3분 동안 27번 반복하는" 세제 광고에 비유했다)

그러나 배심원들이 맥도널드의 범죄를 미련할 정도로 침착하게 바라본 데에는 더 깊은 원인이 있을지도 모른다. 그 원인은 사회가 죄인을 처벌해야만 하는 이유(이는 곧 사회가 죄인을 용서해야만 하는 이유와 같다)와 관계가 있다. 누구나 의식적, 무의식적 상상 속에서 '살인'이라는 범죄를 저질러본 적이 있을 것이다. 우리 모두 가족의 끔찍한 죽음을 상상한 적이 있고, 우리가 사랑하는 사람을 향해 "죽여버리겠어."라고 말한 적이 있다. 인류의 고대 문학에서 메데이아,[14] 클뤼타임네스트라,[15] 오이디푸스[16]가 이 근본적 환상을 실현했고, 현대문학에서는 라스콜니코프[17]가 모르는 사람 두 명을 살해하면서 사실은 자기 어머니와 여동생을 죽였다. 우리 자신이 속죄하고 용서받아야 하는 것처럼 우리는 우리가 그저 꿈꿀 뿐인 일을 실제로 저지른 사람을 처벌하고 용서한다. 이 소송에서 해결되지 않은 수수께끼 하나는 맥기니스가 책에서 맥도널드를 이상하리만치 냉혹하게 묘사했고, 책이

---

14) 고대 그리스 신화에서 콜키스 왕국의 공주이며 『아르고 호의 모험』의 주인공 이아손의 왕비가 됐으나 이아손이 자신을 버리고 떠나자 분노한 나머지 어린 두 아들을 제 손으로 죽였다.
15) 고대 그리스 신화에서 미케네 왕국의 왕비로 트로이 전쟁에서 돌아온 남편 아가멤논을 죽였다.
16) 아버지를 죽일 운명이라는 신탁을 받고 먼 곳에 버려졌으나, 어른이 된 뒤에 상대가 자기 아버지라는 사실을 모르는 상태에서 아버지를 죽였다.
17) 러시아 소설가 도스토옙스키(1821-1881)의 장편소설 『죄와 벌』의 주인공.

출간된 뒤에 언론과 인터뷰할 때도 매우 냉혹했다는 사실이다. 재판이 진행되면서 배심원들은 맥기니스가 맥도널드에게 연민을 느끼지 못하고 가혹하게 대한 것을 맥도널드가 저지른 범죄보다도 더 끔찍하다고 느꼈다. 배심원 중에서 젊은 흑인 여성 실라 캠벨은 그 감정을 내게 이렇게 설명했다. "제 마음에 걸렸던 부분은 맥도널드가 맥기니스한테 자기 콘도를 쓰라고 내줬는데 거기서 맥기니스는 오히려 맥도널드의 살인 동기를 찾고 있었다는 거예요. 제가 싫었던 건 맥기니스가 베스트셀러를 쓰려고 살인 동기를 찾았고, 그가 관심을 보인 건 그게 전부였다는 거죠. 맥기니스는 인간적으로 맥도널드한테 전혀 관심이 없었어요. 맥기니스는 죽은 콜레트와 아이들한테 연민을 느꼈다고 했죠. 하지만 범죄를 저지른 사람도 언젠가는 용서해야 하지 않을까요? 범죄자를 죽을 때까지 고문할 셈인가요?"

법정에 맥도널드가 나타났을 때 배심원들은 그가 용서받을 자격이 있다고 생각하지 않을 이유가 없었다. 차분한 색깔의 정장을 입은 맥도널드는 원고석에 조용히 앉았다. 이 진중한 남자와 견실한 보스트윅을 보며 배심원들은 맥도널드의 범죄와 처벌이 이미 끝났고, 속죄도 거의 끝났다고 생각하게 됐다. 배심원들은 맥도널드가 이미 충분히 괴로워했고, 그의 범죄는 그 자리에서 심판할 문제가 아니며, 맥기니스가 그에게 지나치게 불공정한 태도로 고통을 줬다고 생각했다.

반면에 배심원들은 보스트윅이 맥기니스를 인정사정없이

신문한 점에 대해서는 지나치거나 불공정하다고 보지 않았고 보스트윅의 선한 인격과 모순되지도 않았다고 말했다. 맥기니스의 편지라는 강력한 무기를 손에 쥔 보스트윅은 복수하는 천사 역할을 너무도 수월하게 해냈다. "이것은 가짜 친구에 관한 소송입니다." 보스트윅은 모두진술에서 극적으로 선언했다. 보스트윅이 배심원들에게 말로 하지는 않았지만, 재판 기록을 읽은 독자들은 (특히 이 경우에) 재판에서 변호사들이 사용하는 방법과 기자들이 사용하는 방법이 아이러니하게도 유사하다는 사실을 알아차릴 수 있다. 보스트윅은 대놓고 그런 얘기를 하지는 않았지만, 재판 기록을 보면 참으로 아이러니한 사실을 알게 된다. 그것은 재판에서 변호사들이 사용하는 전략이 기자의 전략과 유사하다는 것이다. 인터뷰 대상이 나중에 자기를 함정에 빠트릴 말을 기록하는 기자의 노트나 녹음기가 있다는 사실을 잊어버리고 계속 지껄이는 것처럼, 맥기니스는 맥도널드에게 보낸 편지에 경계심 없이 쓴 표현을 기록으로 남기는 행위가 가져올 결과를 망각했던 것이다. 그는 맥도널드를 너무 편하게 생각한 나머지 '출판계라는 멋진 세계'의 비밀을 적나라하게 털어놓았는데, 이런 행동은 마치 사업가가 은밀히 만나는 애인에게 불법적인 거래 내용을 상세히 털어놓는 짓과 다를 바 없었다. 그리고 인터뷰 대상이 기자에게 말하지 않는 편이 나았을 내용을 책이나 기사가 나온 다음에야 철회하려고 필사적으로 애쓰는 것처럼, 법정에서 맥기니스도 자기가 쓴 편지에 실린 내용을 애써

부인했다.

"그자들은 대체 무슨 생각을 한 거지? 어떻게 12명이나 되는 배심원이 한 사람의 인생이 걸려 있는 문제에 대해 그토록 참혹한 시나리오를 합리적 의혹도 없이 믿는 데 합의할 수 있지? 고작 6시간 반 만에?" 보스트윅은 맥기니스가 맥도널드에게 보낸 두 번째 편지에서 이 부분을 소리 내 읽었다. 그런 뒤에 맥기니스에게 말했다. "피고는 이 편지를 쓸 당시에 이렇게 생각했습니까?" 맥기니스는 이렇게 대답했다. "그렇게 생각했고, 여전히 그렇게 생각합니다. 한 인간이 아내와 어린 두 딸을 살해한다는 것은 세상에서 가장 끔찍한 일이라고 생각합니다." 재판 기록은 다음과 같이 계속된다.

보스트윅   제가 피고에게 묻는 것은 다른 이야기입니다. 이 편지 글에서 피고는 원고에게 배심원들이 그런 평결을 내렸다는 사실을 믿을 수 없었다고 말하려던 것 아닙니까?

맥기니스   저는 그러는 데 6시간 반밖에 걸리지 않았다는 사실에 놀랐지만, 이걸 기억하셔야죠, 그 재판 중에 제 관점은 전적으로 한쪽에 기울어 있었습니다. 저는 검찰 측이 아니라 맥도널드 씨와 함께 생활했습니다.

보스트윅   알겠습니다, 맥기니스 씨. 제가 묻는 것은 이겁니다. 피고가 배심원들의 평결이 틀렸다고 생각한다는 것을 원고가 믿게 하려고 했느냐는 것입니다.

맥기니스　아니요.

보스트웍　아닙니까? 이 편지글에서요?

맥기니스　저는 배심원들이…

보스트웍　저는 단지 피고가 편지에 이런 글을 썼을 때 원고가 어떻게 생각하기를 원했는지 묻는 것입니다.

맥기니스　저는 맥도널드 씨가 어떻게 생각하기를 원했는지 기억나지 않습니다.

보스트웍은 계속해서 맥기니스를 압박했다.

보스트웍　피고는 재판이 끝날 무렵 피고를 원고의 친구로 여겼습니까?

맥기니스　저는 6주 혹은 7주 동안 저를 작가라고 여겼고, 맥도널드 씨를 책의 주인공으로 여겼습니다. 분명히 말하지만, 우리는 잘 지냈습니다. 변호사님이 '친구'를 어떻게 정의하는지 모르겠습니다만, 그것은 직업상의 인간관계였습니다.

보스트웍　피고는 '친구'를 어떻게 정의합니까?

맥기니스　저는 '친구'를 때로 함께 지내기에 즐겁고, 어떤 형태의 접촉을 유지하면서 지낼 이유가 있는 사람으로 정의합니다. '친구'라는 단어의 정의를 심각하게 생각해본 적은 없지만, 사전에서 정의를 찾을 수 있다고 확신합니다. 하지만 맥도널드 씨는 책의 주인공이었고 저는 작가였습니다. 그리고 그것이 우리 관계의 주된 초점이었습니다.

보스트윅 다시 한 번 묻겠습니다. 피고는 재판이 끝날 무렵 피고를 원고의 친구로 여겼습니까?

맥기니스 그 질문에 어떻게 대답해야 할지 모르겠습니다. 저는 맥도널드 씨가 유죄 판결을 받았을 때 매우 상심했습니다. 제가 만약 그를 친구로 여기지 않았다면, 유죄 판결을 받았을 때 기뻐했겠죠. 하지만 저는 낙담했습니다.

보스트윅 피고는 원고를 피고의 친구로 여겼습니까?

맥기니스 이게 제가 말할 수 있는 최선입니다, 변호사님.

보스트윅 증거물 36A를 다시 살펴보시겠습니까? (⋯) 이렇게 적혀 있습니다. "제기랄, 제프, 그중에서도 가장 슬픈 건, 날 포함한 자네의 모든 친구가 자네와 함께하는 즐거움을 아예 박탈당했다는 거라네." 피고가 이 편지를 쓸 당시에는 피고가 원고의 친구라는 사실을 아는 게 그렇게 쉬웠는데, 오늘은 피고가 원고의 친구였는지 아니었는지 왜 그렇게 판단하기 어려워하십니까?

맥기니스 그건 8년 전이었고, 그때는 기억이 더 생생했습니다.

보스트윅 피고는 피고가 원고의 친구였다는 사실을 방금 잊어버리셨군요, 맞습니까?

맥기니스에 대한 고문은 계속됐다.

보스트윅 "아무것도 모르는 사람이라도 자네가 공정하게 재판
받지 못했다는 사실을 5분 안에 알아차릴 텐데." 피고
는 원고가 공정하게 재판받지 못했다고 정말로 생각
하지는 않았습니다. 안 그렇습니까?

맥기니스 그건 확실히 지나치게 단순화한 태도였고, 실제로 아
무것도 모르는 사람이라고 한 대목은 잘못 말한 겁니
다. 아무것도 모르는 사람이 5분 안에 뭘 어떻게 알아차
리겠습니까?

보스트윅 저는 모릅니다. 피고는 왜 원고에게 그렇게 썼습니까?

맥기니스 모르겠습니다. 왜냐면, 그러니까, 변호사님, 제가 편지
를 쓰는 것은 전화를 거는 것과 같습니다. 그저…

보스트윅 피고의 속내를 이야기한 거죠? 안 그런가요?

맥기니스 무슨 말이냐면, 편지는 출판 목적으로 글을 쓰는 것과
는 다릅니다.

보스트윅 피고에게 떠오르는 생각을 쓴 거잖습니까, 안 그런가
요? 솔직한 심정을 쓰지 않았나요?

맥기니스 뭔가를 표현하는 방식에 신경을 덜 썼습니다.

보스트윅은 '냉혹한 배신'이라는 주제를 바탕으로 주의 깊게
서사를 구축했다. 그는 맥기니스가 맥도널드를 속인 것은 기회주
의적인 계략이었음을 끈질기게 지적했다. 그는 맥기니스가 맥도
널드한테서 자료를 얻어내고, 자기 작업을 위태롭게 할 수 있는

모든 의심을 불식하고자 계획적으로 우호적인 편지를 썼다는 가설을 밀고 나갔다. 보스트윅은 이 가설을 확실히 못 박기 위해 맥기니스가 맥도널드에게 보낸 편지들을 소리 내 읽기 전에 맥기니스가 『치명적 환영』 홍보 투어 중에 했던 언론 인터뷰 기사 발췌문을 소리 내 읽었다. 그 인터뷰들에서 맥기니스는 종신형을 사는 죄수가 자신에게 복수할 가능성이 없다고 생각했는지 맥도널드에 대한 혐오를 솔직히 털어놓았다.("그는 몹시 병든 인간입니다."라고 말하기도 했고, 어느 기자의 질문에 맥도널드의 유죄를 알아차린 시점이 재판 도중이었다고 분명히 집어 말했다)

콘스타인은 3주 뒤에 맥기니스를 호의적으로 신문하면서 손상을 만회하기 위해 할 만큼 했다. 책 홍보 투어 중에 기자 몇 명에게 허위 사실을 말한 것이 맥도널드를 4년 동안 속인 것보다는 가벼운 죄라는 타당한 전제를 토대로, 콘스타인은 맥기니스가 자신이 홍보 투어 당시에 기자들에게 말실수했다고 증언하게 했다. "배심원들이 논의하고 돌아오기도 전에 맥도널드가 유죄라고 확신했다고 제가 발언했던 것은 실제 상황을 정확히 반영한 것이 아니었습니다."라고 맥기니스가 말했고, 콘스타인이 채근하자 계속해서 말했다. "저는 그저 단순화한 약식 대답을 한 것이고, 그것이 두세 번 정도 사실과 다른 인상을 주기도 했습니다. 실제로 그런 것이 아니라 제가 그랬으면 하고 바랐던 것이었습니다." 콘스타인은 또한 맥기니스에게 이렇게 물었다. "1979년에 쓴 여러 통의 편지에서 피고는 피고가 표현한 감정을 모두 진정으로 느꼈습니까?"

맥기니스   예, 제가 표현한 모든 감정은 사실이었습니다. 저는 그런 걸 꾸며낼 만큼 유능한 작가가 아닙니다.

보스트윅   편지 내용 중에 피고가 거짓으로 의도한 내용이 있었습니까?

맥기니스   아무것도 거짓으로 의도하지 않았습니다.

보스트윅   편지 내용 중에 원고를 속이려고 의도한 내용이 있었습니까?

맥기니스   처음 6개월에서 9개월 사이에 그런 것은 없었습니다. 그것은 당시 제 감정을 솔직히 표현한 것이었습니다.

보스트윅은 반대신문에서 피고의 노출된 목덜미를 향해 이빨을 드러내고 곧바로 달려들었다.

보스트윅   피고는 어제 말했습니다. (…) 재판이 끝난 다음 6개월에서 9개월 사이에 쓴 편지들을 보면서 원고를 속이려고 한 적이 전혀 없었다고. (…) 처음 6개월에서 9개월이 지난 '다음'에는 원고를 속일 의도가 있었습니까?

맥기니스   맥도널드 씨가 계속해서 그가 믿고 싶은 대로 믿도록 내버려두고 싶은 시기가 분명히 있었습니다. 제가 책을 완성하는 것을 가로막지 않도록 말이죠.

보스트윅 제 질문에 '예'라고 대답하신 겁니까?

맥기니스 그렇게 해석할 수도 있겠군요, 제 생각에.

보스트윅 예를 들어 편지를 읽는 사람이 그렇게 해석하겠지요.

맥기니스 변호사님은 틀림없이 그렇게 해석하시겠죠. 모르겠습
니다. 다른 사람이라면 다르게 해석할 수 있습니다.

그러자 보스트윅은 맥도널드가 18개월 동안 잠깐의 자유
를 누리고 나서 다시 수감된 직후인 1982년 4월 14일에 맥기니
스가 맥도널드에게 보낸 편지의 일부분을 읽었다.(1980년 7월 제4
연방항소심법원은 맥도널드가 신속한 재판을 받지 못했다는 항소를 인정
했고 맥도널드는 출소했다. 그랬다가 1982년 3월 대법원이 하급법원의 판
결을 뒤집었고, 맥도널드는 교도소로 돌아갔다) 보스트윅이 질문했다.
"피고는 피고의 부인에게 원고가 교도소로 돌아가서 다행이라
고 말했습니다. 그리고 2주 뒤 피고는 이 편지에서 원고의 집으
로 전화를 걸어 통화할 수 있으면 참 좋겠다고 말했습니다. 왜
그랬습니까?"

맥기니스 이미 증언했듯이, 그건 제가 그 시점에서 제 삶을 쏟아
부은 책을 완성하는 데 맥도널드가 저를 좌절하게 하
는 일이 없도록 그를 독려하고 있었기 때문이라고 생
각합니다. 저는 제 책과 진실에 헌신하고 있었습니다.

보스트윅 그러면 피고는 그 진실을 위해서, 피고가 실제로 믿지

않는 사실을 원고에게 믿는 것처럼 말하는 것은 괜찮
았다는 말씀입니까?

맥기니스　저는 그것이 왐바우 씨가 '비진실(untruth)'이라고 분류
한 것에 속한다고 봅니다.

　맥기니스가 왐바우의 "비진실이라고 분류한 것"을 언급한
순간이 이 재판에서 결정적 순간이었다고, 나중에 모든 이가 동
의했다. 콘스타인은 유명 작가들에게 맥기니스가 맥도널드를 속
인 것이 표준적인 작업 절차임을 증언하게 한다는 계획을 세우
고 작가 목록을 작성했다. 콘스타인은 그들을 "훌륭한 작가들"
이라고 불렀고 보스트윅은 덜 고상하지만 어쩌면 더 정확하게
그들을 "글쓰기 산업 노동자"라고 불렀다. 콘스타인의 '전문가'
목록에는 원래 윌리엄 F. 버클리 주니어, 톰 울프, 지미 브레슬린,
빅터 나바스키, J. 앤서니 루커스, 왐바우가 들어 있었는데, 버클
리와 왐바우만이 실제로 법정에 나와 증언했다. 그 두 사람이 증
언한 다음에 판사는 피고 측이 이미 벌을 설 만큼 섰다고 생각했
는지 작가는 그만 부르라고 명령했다.

　버클리가 먼저 증언했다. 콘스타인이 그에게 물었다. "작가
들의 관습, 관행, 관례와 증인의 경험에 비춰볼 때 작가는 어디까
지 인터뷰 대상의 자기기만을 부추길 재량이 있습니까?"

버클리　음, 그것 역시, 예술의 문제입니다. 예를 들어, 만약 크

랜스턴 상원의원이 제가 그의 전기를 쓰는 중에 마치 플로리다에 두 번째 아내가 있는 듯한 뉘앙스의 언급을 하기 시작했다면, 저는 중간중간 그 이야기를 꺼내서 그가 더 자세히 말하도록 유도했을 겁니다. 그렇지만 그가 이중 결혼을 했다는 사실을 제가 알아차렸다는 사실을 그에게 알리지는 않을 겁니다. (…)

콘스타인 역시 작가들의 관습, 관행, 관례와 증인의 경험에 비춰볼 때, 대화를 계속 이어가기 위해 인터뷰 대상의 가치관에 허위로 동조하는 일은 적절합니까, 적절하지 않습니까?

버클리 우선순위를 고려할 때 적절하다고 생각합니다. 최우선은 책의 실제 주인공이 작가에게 모든 것을 다 이야기하도록 독려하는 것이고, 그러기 위해 함께 술집에 가서 맥주를 마셔야 한다면, 술집에 가서 맥주를 마시면 됩니다. 그러기 위해 3시간 동안 지루하고 하찮고 아무 관심 없는 이야기를 경청해야 한다면, 그렇게 하는 겁니다. 이것은 모든 사실을 수집해야 하는 작가가 겪어야 할 고난의 일부이고, 그 사실들을 토대로 최종적으로 판단하는 것입니다.

보스트윅은 반대신문에 돌입했다.

보스트윅 증인은 작가가 쓰고 있는 책에 대해 책의 실제 주인공에게 거짓말해도 된다고 생각한다고, 배심원 여러분께 말하려는 것은 아니겠지요, 안 그렇습니까?

버클리 그 '거짓말'이라는 말의 의미에 모든 게 달려 있습니다.

보스트윅 거짓말은 사실을 허위로 진술하는 것입니다, 버클리 씨. 이런 측면에서 어려움을 겪으신다니 참으로 유감입니다…

버클리 아니, 이거, 그게 아니라…

보스트윅 저는 증인에게 '거짓말'이라는 단어의 사전적 정의를 말씀드릴 수 있습니다.

버클리 저는 시셀라 복[18]의 거짓말에 관한 저서를 읽었는데 문제가 그리 단순하지 않아요. 예를 들어 게슈타포가 와서 "리 판사가 여기 있었소? 그가 어디로 갔소?"라고 물었을 때 제가 리 판사를 살리려고 그가 여기 숨어 있어도 "저쪽으로 갔습니다."라고 대답한다면 제가 거짓말한 것입니까? 토마스 아퀴나스라면 제가 거짓말했다고 하겠지만, 다른 사람들은 그러지 않겠죠. 저는 단지 결백한 사람을 도와준 것뿐입니다.

보스트윅은 버클리를 지뢰밭으로 살살 몰고 갔다.

---

18) 시셀라 복(Sissela Bok, 1934-)은 미국 철학자다.

보스트윅   저는 단지 작가들 사이에서 작가가 책의 실제 주인공
한테서 정보를 더 얻어내기 위해 거짓말을 하는 게 관
습이며 관행인지 묻는 것입니다.

버클리   그건 정말 상황에 따라 다를 겁니다. 예를 들어 유명한
바람둥이에 관한 책을 쓰는데 그가 "그렇잖아요, 작가
님 생각에도 내 마누라는 구제불능이잖아요, 안 그런
가요?"라고 말했을 때 "네, 잘 지내기 힘든 분이죠."라
고 말할 수 있는 겁니다. 그저 대화를 매끄럽게 끌어가
고 정보를 더 얻기 위해서 말입니다. (…)

보스트윅   그래서 만약 그래야 한다면 증인은 정보를 더 얻기 위
해 인터뷰 대상과 함께 술집에 가서 맥주를 마실 겁니
다. 그렇죠?

버클리   네, 맞습니다.

보스트윅   그리고 만약 그래야 한다면 증인은 정보를 더 얻기 위
해 인터뷰 대상이 3시간 동안 지루하게 늘어놓는 얘기
를 경청할 겁니다. 그렇죠?

버클리   그렇습니다.

보스트윅   그리고 만약 그래야 한다면 증인은 정보를 더 얻기 위
해 인터뷰 대상에게 자신이 실제로 믿지 않는 사실을
말할 겁니다. 그렇죠?

버클리   네. 그렇습니다. 그건 그 맥락에서 암묵적으로 합의된
겁니다.

콘스타인은 버클리에게 한 것처럼 왐바우를 똑같이 신문했고, 놀랍게도 왐바우는 마치 예전에 맥도널드한테 그토록 직설적으로 솔직한 편지를 쓴 사람이 아닌 것처럼 인터뷰 대상을 속이는 일이 작가의 성스러운 의무라고 증언했다.

콘스타인 작가는 인터뷰 대상에게 자기 의견을 밝혀야 하는지 밝히지 말아야 하는지에 관한 관습이나 관행이 있습니까?

왐바우 저는 작가가 자기 의견을 절대 밝히지 말아야 한다고 봅니다. 이후의 소통을 차단할 수 있기 때문입니다.

콘스타인 증인은 그런 경험을 한 적이 있습니까?

왐바우 네. 인터뷰 대상들은 제가 진실하게 대답한다면 이후의 소통을 차단할 만한 질문을 자주 하곤 합니다.

콘스타인 그럴 때 증인은 어떻게 대답했습니까?

왐바우 저는 그래야만 한다면 '비진실'을 말했습니다.

콘스타인 예를 들어주시겠습니까?

왐바우 네. 『양파밭』을 쓸 때 살인자 중 한 명이 자기가 경찰관을 쏘지 않았다고 말한 것을 믿느냐고 제게 물었던 것을 기억합니다. 당시에 저는 증인 수십 명을 인터뷰하여 정보를 산더미처럼 갖고 있을 때였고 그를 믿지 않았지만, 그가 계속 말하게 하려고 '믿는다'고 대답했습니다. 왜냐면 저는 궁극적으로 그 사람이 아니라 책에 대해 책임이 있었기 때문입니다.

반대신문에서 보스트윅이 왐바우에게 "증인은 오늘 '비진실'을 말할 겁니까?"라고 묻자 왐바우는 "아니요."라고 대답했다.

보스트윅   그때는 '비진실'을 말했지만 지금은 왜 말하지 않는다
　　　　　는 겁니까?

왐바우   우선, 그때는 선서하지 않았습니다.

보스트윅   그것이 차이점입니까?

왐바우   아닙니다. 제가 한 일은 일관성 있는 이야기를 서술하
　　　　　려는 목적으로 진실에 접근하는 것이었으므로, 저는
　　　　　그 사람이 말을 계속하도록 유도해야 했습니다. 비진
　　　　　실과 거짓말의 차이점을 설명해도 되겠습니까?

거짓말은 "악의를 품거나, 잘못인 줄 알면서 사실이 아닌 것을 말하는 것"이고, 비진실은 "실제 진실에 도달하기 위해 사용하는 도구의 일부"라는 왐바우의 구분은 보스트윅에게 자진해서 또 하나의 무기를 건네준 셈이었다. 그 덕분에 보스트윅은 최종 변론에서 조롱하는 어조로 이렇게 말할 수 있었다. "왐바우 씨의 증언은 흥미로웠습니다. 저는 거짓말과 비진실에 대한 그의 정의에 흥미를 느꼈고, 그가 정의한 방식에 배심원 여러분도 흥미를 느꼈으리라고 생각합니다. 잘 모르겠습니다. 저라도 거짓말하다가 들킬 때마다 '아, 정말이지 그럴 생각이 아니었어요. 그렇게 나쁜 거짓말은 아니었어요.'라고 말하고 싶을 겁니다." 버클리에

대해 보스트윅은 이렇게 말했다. "버클리 씨는 거짓말이 무엇인지 잘 몰랐습니다. 우리는 시셀라 복과 성 토마스 아퀴나스에 관해 흥미로운 이야기를 나눴지만, 그는 거짓말이 뭔지 잘 몰랐습니다. 제 어머니가 이 자리에 있었다면 잘 가르쳐줬을 텐데요."

버클리와 왐바우의 증언이 크게 실패했다는 점에서 우리는 대부분 어릴 때 배우는, '왜 나만 탓하세요? 남들도 다 그러는데요.'라는 식의 방어 전략이 늘 그렇듯이 소용없다는 진실을 되새기게 된다. 사회는 한편으로 견딜 수 없을 정도로 엄격한 도덕성과 다른 한편으로 위험할 정도로 무질서한 관대함의 두 극단 사이를 암묵적 합의를 통해 중개한다. 그 합의 덕분에 우리는 조용하고 신중한 조건을 지키며 매우 엄격한 도덕 규칙을 위반할 수 있다. 위선은 인간의 실수를 허용하고 겉보기에 양립할 수 없을 것 같은 질서와 쾌락의 요구를 조화시킴으로써 사회가 계속해서 잘 돌아가게 하는 윤활유다. 버클리와 왐바우가 직설적으로 인터뷰 대상을 속여도 된다고 말했을 때 그들 자신도 자기 이익을 위해서 규칙을 마음대로 적용한 것을 솔직하게 인정해서는 안 된다는 규칙을 위반한 셈이었다. 만약 우리가 그렇게 했다면, 입 다물고 있으면서 들키지 않기를 바라야 한다. 우리가 들켰을 때 제정신이 박힌 어떤 사람도 나서서 자기도 똑같은 짓을 했다고 말해주지 않을 것이기 때문이다. 콘스타인은 최종변론에서 "버클리와 왐바우는 정보를 얻어내는 것이 중요한 일이고, 그것을 위해 필요한 일이라면 무엇이든지 해야 한다고 증언했습니다."

라고 말함으로써, 보스트윅이 최종변론에서 피고 측을 짓밟으며 정직함에 대해 강의할 명분을 주었다. 그는 "여러분이 오늘 여기서 들은 내용은 진실로 터무니없습니다."라며 변론을 시작했다.

터무니없는 것은 미국 헌법 수정조항 제1조가 명시한 언론의 자유와 표현의 자유를 옹호한다면서 피고인이 증인석에 세운 전문가들이, 콘스타인 씨의 말을 인용하자면, 책을 쓰는 데 필요하다면 무슨 짓이든 해야 한다고 말했다는 것입니다. 이것이 바로 피고의 변호인이 사용한 표현입니다. "필요한 일이라면 무엇이든지."

이 표현은 역사적으로 독재자, 폭군, 선동가들이 그들이 한 짓을 정당화하려고 사용해왔습니다. (⋯) 우리는 불과 얼마 전에 일련의 의회 조사를 거치면서 똑같은 변명을 들었습니다. "필요한 일이라면 무엇이든지 해야 했습니다." "필요한 일이었기에 거짓말한 것도 괜찮았습니다."

전문가들은 책 작업을 위해 인터뷰 대상한테서 정보를 더 얻을 수 있다면 자기가 믿지 않는 사실을 인터뷰 대상에게 말해도 된다고 했습니다. 저는 2시간 반 동안 전문가들의 증언을 들으면서 법정에서 그것이 작가나 변호사나 배심원이 지침으로 삼아야 할 일종의 원칙으로 나열되는 광경에 경악했습니다. 우리는 "필요한 일이라면 무엇이든지" 할 수 없습니다. 우리는 '옳은 일'을 해야 합니다.

재판이 끝나고 3개월이 지난 1987년 11월 23일 소송을 종결하는 합의가 이뤄졌다. 맥기니스는 잘못을 인정하지 않은 채 맥도널드에게 32만 5천 달러를 지급하기로 약속했다. 이 금액은 맥기니스의 책을 출간한 출판사의 보험회사로 추정되는 익명의 관계자가 지급하기로 돼 있었다. 공교롭게도 나는 이 합의가 이뤄진 날, 처음으로 보스트윅을 만나기 위해 캘리포니아에 가 있었다. 산타모니카에 있는 보스트윅의 사무실에서 재판 문서를 읽으면서 그가 합의 협상에서 돌아오기를 기다리고 있었다. 맥기니스가 윌리엄스타운에서 전화를 걸어 계획했던 인터뷰를 취소한 그날부터 나는 앞으로 어떻게 해야 할지 알 수 없는, 묘하게 불확실한 상태에 있었다. 묘했던 이유는 그전까지 취재는 내가 본능처럼 쉽게 하던 일이었기 때문이다. 마치 저녁 식사 전에 가게에 가서 요리할 식품을 사오는 것이나 마찬가지였다. 그러나 이 작업에서는 본능적이거나 쉬운 일이 아무것도 없었다. 그때까지 공급 과다의 거대한 미국 슈퍼마켓이었던 곳이 제삼세계의 작고 텅 빈 구멍가게로 줄어들었다. 아무것도 손에 들어오지 않았다. 맥기니스는 나와 인연을 끊어버렸고, 콘스타인은 내 전화에 전혀 응답하지 않았다. 맥기니스의 친구들조차도 내게 말문을 닫았고 내가 재판 기록 사본을 요청한 법원 속기사도 운명의 음모에 가담한 것처럼 생각되기 시작했다. 내가 사무실에 갈 때마다 그녀는 자리에 없었고 사본은 여전히 오지 않았다. 뉴욕에서 재판 기록 사본을 기다리면서 나는 종종 콘스타인의 사무실이 있는 건물에 가서(우연히도 그 건물은 내 집에서 두 블록 떨어진 곳에 있었다) 아쉬운 듯 로비 안쪽을 들여다보곤 했다. 그렇게 속을 끓이던 와중에 나와 맥기니스 사이에 무슨 일이 일어났는지 곰곰이 생각해보았다. 내가 어떻게 했기에 그 사람은 나를 소송이 가져온 공동 관심사를 논의하기 위해 찾아온 단순한 동료가 아니라 또 한 명의 검사로 여겼던 것일까? 나는 내가 상상력이 부족했음을 깨달았다. 맥기니스는 분명히 적들에게 포위당한 기분에 휩싸여 있었을 테고, 자기한테 완전히 공감하고 동조하는 태도에서 조금만 벗어나도 적대적이고 냉혹한 반응으로 받아들였을 것이다. 고통에 시달리는 사람은 동정해주고 공감해주고 안심시켜주는 말을 원하지, 추상적인 논쟁을 원하지 않는다. 게다가 맥기니스와 콘스타인과 버클리와 왐바우는 저널리즘 전체의 미래가 '작가적 위선'의 자유에 달려 있고, 그렇게 위선적으로 행동하지 않으면 인터뷰 대상이 도망간다고 공개적으로 주장한 상황에 놓여 있었다. 맥기니스는 이런 주장에 동조하지 못하는 기자한테서 마땅히 달아나야 했을 것이다. 그가 이 문제에 대한 내 회의적인 입장을 확인하고도 인터뷰를 계속했다면, 자기 견해를 부인하는 꼴이 됐을 것이다. 따라서 그가 인터뷰를 중단하고 나를 빈손으로 내버려 둔 것은 논리적으로 자연스러운 결과였다.

만일 그가 맥도널드에게 자기 생각과 감정을 솔직하게 말했다면, 그도 빈손으로 남았을 것이다.

보스트윅의 사무실에 앉아서 나는 맥기니스가 나를 멀리한 뒤로 느끼지 못했던, 어떤 익숙한 동요를 다시 느낄 수 있었다. 그런 느낌이 들자 병을 앓은 뒤에 식욕이 다시 찾아온 사람처럼 기뻤다. 그것은 업계 종사자들이 외부에 취재하러 나갔을 때 경험하는, 미국 저널리즘이 거의 보장하다시피 하는 허영의 감정이었다. 사회에서 기자들은 박애주의자들처럼 매우 가치 있는 것들을 나눠 주는 사람으로 여겨져서(기자의 화폐는 '명성'인데 이것은 묘하게 사람을 취하게 한다) 그들은 인간적 가치와 전혀 비례하지 않는 존경을 받는다. 실제로 누가 자기에 대해 글을 쓴다거나 라디오나 텔레비전 프로그램에서 인터뷰를 요청할 때 황홀해 하지 않을 사람은 거의 없다. 보스트윅처럼 똑똑하고 침착한 사람조차도 내가 뉴욕에서 전화를 걸어 그와 그의 의뢰인을 인터뷰해도 되겠느냐고 묻자 곧바로 승낙했다. 우리 관계에서 그의 첫 반응은 그 소송에서 원고 측 입장이 언론에서 충분히 다뤄지지 않았으니 내가 더욱 공정한 마음가짐으로 임했으면 좋겠다는 것이었다. 콘스타인과 맥기니스를 잃은 것처럼 보스트윅과 맥도널드를 잃고 싶지 않았던 나의 첫 반응은 공정함이란 우리가 의지에 따라 베풀거나 자제할 수 있는 것이라기보다 하나의 이상임을 지적하는 것이었다. 그리고 그것은 작가들이 함양할 이유가 있는 특성은 아니라고 덧붙였다. 그러자 보스트윅은 그 '솔직한'

대답에 감사한다고 중얼거렸는데, 물론 나는 그런 말을 통해 단지 고상하게 아부했던 것뿐이었다. 캘리포니아에 머무르는 동안 나는 생각하는 바를 그대로 말하고 왐바우 식 비진실을 절대 말하지 않는 직설적이고 정직한 기자의 태도를 유지했다. 이 태도의 의미(또는 무의미)를 보스트윅과 그의 동료만이 아니라 이후에 맥도널드와 그의 지인과 추종자들도 완벽하게 이해했다고, 나는 믿는다. 내가 나타날 무렵에는 맥도널드 대 맥기니스 소송에 관련된 모든 사람이 기자와 인터뷰 대상의 만남에서 작동하는 심층적인 구조에 완벽하게 익숙해져 있었다. 따라서 새로운 표지 기사를 들고 온 새로운 기자에게 누구도 환상을 품지 않았을 것이다. 그러나 우리 중 몇 명이나 괜찮은 연애 상대가 나타났어도 낭만적 사랑의 환상이 없다는 이유로 그를 거부하겠는가? 좋게 끝난 정사는 정말로 드물지 않던가? 그리고 현재 애인은 언제나 과거의 애인들과 전혀 다른 부류의 사람이 아니던가?

나는 보스트윅의 사무실에 앉아 있으면서 기분이 좋아진 것이 캘리포니아의 멋진 날씨 덕분만은 아니라는 사실을 깨달았다. 연애의 은유는 기자와 인터뷰 대상 양쪽에 적용되고, 기자도 인터뷰 대상과 똑같이 그 쾌락과 흥분에 영향받기 쉽다. 맥기니스는 나와 인터뷰할 때도 그랬고 재판 기록에도 그렇게 나와 있지만, 기자의 직업상 취재와 집필 단계를 완벽하게 구분해야 한다고 강조했다. 마치 두 단계가 서로 전혀 관계없으며 취재와 집필을 서로 다른 두 사람이 각각 따로 해야 한다는 듯이 말했다.

기자의 이중성에 관한 맥기니스의 이 고백이 비록 그를 법정에서 무너뜨린 흉기가 됐지만(맥도널드와 한집에서 함께 생활했고 교도소로 편지를 쓴 호인과 『치명적 환영』을 쓴 냉정한 '베스트셀러 작가' 사이의 괴리는 너무나 기괴했다) 그 고백은 사실 일반 저널리즘 생리에 대한 정확한 묘사였다. 기자가 세상에 나가 사람들과 대화하는 경험과 혼자 방 안에서 글을 쓰는 경험 사이에는 심연이 있다. 인터뷰를 마치고 기자가 원고를 쓰기 시작할 때 그는 책의 실제 주인공이 완성된 원고를 읽을 때 느끼는 것만큼이나 억울한 상태를 경험한다. 글쓰기가 유별나게 힘겨울 때도 있다. 1985년 피고 측 신문에 대한 서면 답변에서 맥기니스는 "너무 많았던 불면의 밤, 악몽들, 뒤쪽 창밖을 뚫어져라 내다보며 보낸 멍하고 혼미하고 공허했던 아침들, 손에 식은 커피를 들고 위층으로 돌아가서 내 의지에 반하여 형성되고 있던 오싹한 깨달음을 다시 대면하는 그 무시무시한 일을 1분, 5분, 10분 더 미뤘던…"이라고 썼다. 그 깨달음이란 맥도널드가 아내와 아이들을 살해했다는 사실이었다. 작가라면 누구나 맥기니스의 글을 읽으면서 결과가 좋지 않을 수도 있는 작업을 하기 싫어하는 마음을 간파할 수 있을 것이다. 게다가 맥기니스는 『치명적 환영』이 어떤 책이 될지 걱정해야 할 만한 이유가 있었다.

그러나 그때 보스트윅을 기다리고 있던 내게 글쓰기 문제는 맥기니스가 맥도널드를 처음 만난 시기에 그랬듯이 죽음의 문제와도 같았다. 그것은 현재의 쾌락을 방해하지 않았다. 재판 기록에서 보스트윅이 반복적으로 자기 어머니를 언급한 대목을 이미 읽은 상태에서 전화로 중부 대평원의 흔적이 밴 친근한 목소리를 듣자 내 머릿속에서는 순수하고 선량한 사람의 이미지가 형성됐다. 그리고 그에 걸맞은, 이를테면 상가에 있는 다이빙 장비 대여점 위층에 딸린 허술하고 편안한 방처럼 화려한 장식 따위가 전혀 없는 사무실을 상상했다. 하지만 보스트윅의 사무실은 윌셔 대로 서쪽 끝 건물에 있었고, 세련되고 비용을 많이 들인 듯한 최신식 업무 공간이었다. 실내에는 모차르트의 곡이 잔잔하게 흐르고 있었고, 세련되고 우아한 차림의 접수 담당자가 연회색 책상 앞에 앉아 있는 리셉션 데스크를 지나면, 유리 벽을 통해 흑단 테이블과 동양풍 의자 열 개가 잘 정돈된 회의실이 보였다. 그 너머로 태평양이 내다보이는 숨 막히는 전망이 펼쳐졌는데, 그 전망마저도 권위 있는 포스트모던 설계회사가 제작하여 납품한 것처럼 보였다.

보스트윅은 내가 아직 일반에 공개되지 않은 재판 증거물 책자를 검토할 수 있게 방을 하나 내줬고, 나를 도와줄 직원도 배정해줬다. 정오쯤 보스트윅은 내게 전화해서 맥기니스 쪽과 합의를 마쳤다고 말했다. 그날 저녁 보스트윅과 그의 아내(예쁘고 연약해 보일 정도로 말랐으며 목소리가 상냥한 게슈탈트 심리치료사)와 나는 사무실 근처 레스토랑에서 저녁 식사를 했다. 가볍게 성공을 자축하는 분위기였다. 보스트윅은 소송 초반을 회상했다. "맥도널드가 처음 접촉했을 때 우리는 '맥기니스가 당신 명예를 훼손했다는 건 어불성설이다, 이 명예훼손 소송은 아무 가치가 없다.'고 했습니다." 그가 말했다. "이미 살인죄로 실형을 선고받은 사람의 명예를 어떻게 더 훼손할 수 있다는 거죠? 하지만 맥도널드가 맥기니스한테서 받은 편지들을 읽자마자 우리는 '이건 고전적인 사기죄다.'라고 생각했습니다. 우리는 맥기니스가 재판 도중에 이미 맥도널드를 유죄로 판단했다고 말한 신문 기사를 가지고 있었으니까요. 나는 1985년에 맥기니스를 만나서 선서 증언을 받았고, 1시간 동안 그와 함께 같은 방에 있다가 나왔을 때 그를 장악했다는 걸 알았습니다. 그날부터 나는 신이 나서 손을 비비며 재판이 개시되길 벼르고 있었죠. 반대신문에서 어떻게 하면 될지 분명히 알고 있었으니까요. 반대신문을 엄청나게 잘할 필요도 없었습니다." 보스트윅이 이어서 말했다. "첫 번째 선서 증언은 뉴욕에서 했습니다. 그리고 1년 뒤에 윌리엄스타운에서 가까운 매사추세츠 주 피츠필드에서 한 번 더 했죠. 맥기니스는 두 번째 선서 증언에서 뉴욕으로 오기를 거부했습니다. 그는 '지난번에는 제가 그쪽에 대한 예의를 갖춰 뉴욕으로 갔습니다. 이번에는 매사추세츠에서 해야 할 겁니다.'라고 말했어요. 법적으로도 증인이 사는 곳에서 너무 먼 곳으로 부를 수 없어서 내가 그리로 갔습니다. 결과적으로 대단한 여행이 됐죠. 그때는 뉴욕 메츠 야구팀이 월드 시리즈에서 우승한 직후인 10월 말이었습니다. 내가 탄 비행기는 허드슨 강을 따라 올버니까지 갔는데, 그때까지 경험한 가장 아름다운 비행이었습니다. 하늘이 수정처럼 맑았죠. 올버니에서는 차를 타고 피츠필드까지 운전해서 갔어요. 콘스타인은 거기 가는 데 더 힘들었겠죠. 내가 로스앤젤레스에서 출발한 것과 거의 같은 시각에 콘스타인은 맨해튼을 떠났어요. 나보다 그 사람이 더 힘들었다니까요." 보스트윅은 웃었다. "변호사들이 이런 일로 왈가왈부하는 모습을 상상할 수 있겠습니까? '자, 우리를 매사추세츠까지 가게 했으니, 거기선 그들이 이겼군.' 이 업계에서 이런 일이 얼마나 자주 일어나는지 알고 나면 놀랄 겁니다. 사람들은 이런 문제를 놓고 격렬하게 싸우다가 진흙탕에 허리까지 빠져버린 자신을 발견하고 자문하죠. '어쩌다 이 지경이 됐지? 무슨 일이 일어난 거지?' 무슨 일이 일어나긴, 멍청하게 군 거죠. 변호사로 산다는 게 뭔지 의아할 때가 있습니다. 내가 평생 변호사였던 건 아니거든요. 그전에 난 평화봉사단 자원봉사자, 번역가, 엔지니어, 육군 장교였습니다."

보스트윅은 빈 접시를 절반만 먹은 아내의 접시와 맞바꾸고는 까맣게 탄 메기 살을 찍은 포크를 입으로 가져가며 말했다. "맥기니스는 맥도널드의 아내와 아이들에게 진 빚을 갚기 위해 책을 쓸 의무가 있다고 했지만, 내가 최종변론에서 말했듯이 맥기니스는 그들이 아니라 뉴잉글랜드 은행에 빚을 지고 있었어요. 그자가 맥도널드한테 보낸 편지를 읽어보면 내내 재정적으로 곤란을 겪고 있었다는 걸 알 수 있습니다. 그래서 베스트셀러를 써내기까지 맥도널드가 협력하도록 계속 그를 속여야 했던 겁니다. 출판사에서 받은 계약금도 다 써버린 상태였죠. 그자는 맥도널드한테 진실을 고백할 여유가 전혀 없었죠."

이미 소송이 끝났는데도 보스트윅이 맥도널드를 변호하게 된 동기였던 피고에 대한 증오와 경멸을 그대로 간직하고 있다는 사실이 내게는 무척 흥미로웠다. 유능한 법정 변호사가 되려면 증오할 줄도 알아야 한다. 소송과 일상생활의 관계는 전쟁과 평화의 관계와 같다. 소송에서 상대편에 속한 사람은 전부 나쁜 사람이다. 재판 기록은 악의에 찬 대화다.

나는 보스트윅에게 맥기니스가 맥도널드한테 쓴 편지에서 사실을 말했을 가능성은 없는지, 그러니까 맥기니스가 맥도널드를 좋아하면서 동시에 미워했다고는 생각하지 않느냐고 물었다.

보스트윅은 이제 재판이 끝났고, 자기 처지를 위태롭게 하지 않고 적에 대해 누그러진 태도를 보여도 된다는 사실이 떠올랐다는 듯이 내 말에 동의하며 고개를 끄덕였다. "그 사람 입장에선 일이 그리 간단치 않았죠. 갈등이 심했겠죠."

그 순간, 말수가 적었던 보스트윅의 아내가 끼어들었다. "내 환자들도 마찬가지예요. '제 진실은 이것입니다.'라고 말하지만, 치료를 진행하다 보면 정반대의 진실이 나타나기도 해요. 그런데 사실 둘 다 진실이죠."

"사법재판도 마찬가집니다." 보스트윅이 말했다. "사람들은 재판이 진실을 추구한다고 믿죠. 하지만 나는 그것이 이 사회에서 재판이 하는 기능이라고 생각하지 않아요. 재판의 기능은 카타르시스라고 확신합니다. 사람들은 재판에서 자기가 남과 어떻게 다른지 떠벌릴 수 있고, 자기를 위한 토론의 장이 열렸다고 느낍니다. 진실을 밝히기보다는 어떤 식으로든 사회의 긴장을 풀어주는 거죠."

"하지만 형사재판에선…" 나는 맥도널드 대 맥기니스 소송에 관한 모든 논의가 피할 수 없이 귀결하는 주제를 거론했다. "진실이 하나뿐이지 않습니까? 맥도널드가 살인을 저질렀거나 저지르지 않았거나. 그렇지 않나요?"

"난 그가 죽였다고 생각하지 않아요." 보스트윅이 말했다. "그리고 그를 살인자라고 생각했다면 변호를 맡지 않았겠죠. 우리 딸아이가 내가 소송에 관여했기 때문에 학교에서 괴롭힘을 당하기 시작했을 때 그 문제를 가장 잘 설명한 것 같군요. 내가 그랬어요. '애야, 아무도 모른단다. 그 사람이 죽이지 않았다는 사실을 내가 '안다'고 말하는 게 아니야. 그걸 아는 사람은 하느님과 맥도널드 씨뿐인데, 둘 다 우리에게 사실을 말해주지 않아. 하지만 난 그 사람이 죽이지 않았다고 '생각해'. 닥터 맥도널드가 묘사한 침입자 네 명의 인상착의는 살인이 일어나기 몇 시간 전에 그의 집에서 5~6마일 떨어진 곳에서 목격된 사람들의 인상착의와 일치했어. 닥터 맥도널드가 어떻게 그 사람들을 묘사할 수 있었는지 아무도 내게 설명해준 적이 없거든.'"

법정에서 보스트윅은 맥기니스에게 맥도널드가 살인을 저질렀다고 확신하는지 대답하라고 몰아세웠다. 그는 『치명적 환영』 본문에서 맥기니스가 맥도널드의 어머니를 언급하며 쓴 내용을 읽었다. "(그녀에게) 내가 할 수 없는 이야기가 너무나 많았다. 예를 들어 그녀의 아들이 자기 아내와 아이들을 죽였다는 것을 내가 안다는 사실을." 보스트윅은 맥기니스에게 말했다. "피고는 원고가 아내와 아이들을 죽였다는 사실을 정말로 '아는' 것은 아니지 않습니까?" 대화는 다음과 같이 계속된다.

맥기니스   저는 그가 유죄 판결을 받았다는 걸 알고, 판결을 재고한 항소심법원에서 그 판결을 인정했다는 걸 압니다.

보스트윅   하지만 이 책에는 그렇게 쓰지 않으셨습니다, 맥기니스 씨. 그래서 피고가 직접 한 말을 인용해서 질문하는 겁니다. 피고가 그 사실을 실제로 '아는' 것은 아니죠?

맥기니스   제가 만족하는 수준에서는 압니다. 4년 동안 철두철미하게 사건을 취재하고 난 다음에 알게 됐습니다.

보스트윅   피고는 원고가 범죄를 저질렀다는 사실을 '안다고' 생각하는 사람과 대화한 적이 있습니까?

맥기니스   희생자들은 죽었습니다. 그 사람들하고 대화할 수 없죠. 그리고 저는 맥도널드가 단순히 진실을 말하지 않았다고 생각하게 됐습니다.

보스트윅   피고는 맥도널드 씨가 범죄를 저질렀다는 사실을 '아는' 사람과 대화한 적이 있습니까?

맥기니스   지금 보스트윅 씨는 이 문제를 인식론의 영역으로 끌고 가고 있다고 생각합니다.

보스트윅　맞습니다. 저도 동의합니다.

맥기니스　네.

보스트윅　피고는 사실을 아는 사람과 대화한 적이 있습니까?

맥기니스　저는 콜레트와 대화할 수 없었습니다. 킴벌리와도요.

보스트윅　다시 묻겠습니다. 사실을 '아는' 사람과 대화한 적이 있
습니까, 맥기니스 씨?

맥기니스　네, 있습니다.

보스트윅　그게 누구였습니까?

맥기니스　맥도널드와 대화했습니다.

보스트윅　피고는 원고가 안다는 걸 압니까?

맥기니스　제 마음은 그가 안다는 걸 압니다.

보스트윅　원고가 자신이 그랬다고 말한 적이 있습니까?

맥기니스　절대 없습니다.

　　레스토랑에서 보스트윅은 확실히 모르는 채 살고 싶다고 말
했다. "확인된 사실들을 놓고 보면, 사실 양측 모두 증거를 많이
갖고 있습니다. 나는 절대적으로 확실한 결론을 내림으로써 불
편함에서 쉽게 벗어나기보다는 불확실한 상태에 있는 쪽을 선호
합니다. 나는 '알지' 못하고, 지구에서 누구도 이 사건의 진실을
절대적으로 확신할 수 없어요. 한쪽을 절대적으로 확신한다고
공언하는 사람이 있다면, 나는 그가 누구든 결코 신뢰할 수 없습
니다."

다음 날 나는 맥도널드를 처음으로 만났다. 키 크고 건장한 체격으로 연하늘색 면 재질의 점프슈트를 입은 그는 줄곧 침착한 태도로 묘기라도 부리듯 손을 놀렸다. 터미널 아일랜드 감옥의 죄수는 팔에 수갑을 차고 면회실로 호송된다. 그가 빗장이 걸린 문의 구멍으로 팔목을 내밀면 문밖에 있는 교도관이 수갑을 풀어준다. 그런 상황에서 방문객을 맞이할 때는 면회실에 우아하게 등장할 여지가 별로 없을 것이다. 그런데 맥도널드가 그 굴욕적인 의례를 치르는 모습은 죄수가 몇 시간 동안 고독한 감금 상태에서 벗어나는 것이 아니라 마치 배우가 휴게실에서 친구들을 맞이하기 전에 재빨리 의상을 벗는 것 같았다. 그는 형을 살고 있는 애리조나 주 연방교도소에서 맥기니스 재판에 참석하기 위해 터미널 아일랜드 교도소로 이송됐다가 아직 돌아가지 않고 있었다. 행정적인 이유로 맥도널드는 재판 기간에 독방을 썼고 여전히 독방에 갇혀 있었다. 그의 감방은 가로 1.5미터, 세로 2.7미터로 그 안에 간이침대와 화장실이 있고 하루 한 시간 감방 밖에 나가서 운동하는 것이 허용됐다.

맥도널드와 나는 윗면을 플라스틱으로 덮은 작은 탁자를 사이에 두고 아주 작은 방에서 마주 보고 앉아 있었는데, 유리 벽 너머로 똑같은 면회실이 하나 더 있었다.(그 방은 줄곧 비어 있었다)

터미널 아일랜드 교도소 규칙이 바뀌어서 이제 기자가 노트와 녹음기를 가져오는 것이 허용됐기에 녹음기 한 대를 탁자에 올려놓았다. 맥도널드는 두꺼운 종이 다발을 묶어놓은 클립보드를 가져왔고, 항시 준비된 사업가나 정치가처럼 빠르고 망설임 없이 말을 계속했다. 그는 '나'보다는 '우리'라는 표현을 자주 썼다. 그러나 강박적으로 말을 많이 하는 사람이 상대가 어쩌다가 한마디 하는 것을 성가신 방해로 여기는 것과 달리 맥도널드는 내가 말할 때마다 입을 다물고 주의 깊게 집중했다. 나는 그의 경청의 강도를 느꼈고, 그의 대화 능력에 깜짝 놀랐다. 내가 하는 말에 보이던 그의 관심은 서서히 느슨해져서 "불공정한 판결", "편견이 있는 판사", "억제된 증거", "새로운 증인들"을 언급하며 예의 방어적이고 강박적이며 공격적인 이야기로 되돌아갔다. 그것은 그가 유죄 판결을 받은 이래 8년 동안 그의 존재를 빚어온 이야기였다.

　맥도널드는 준비된 이야기를 할 때든 즉흥적으로 대답할 때든 평소 모습과 신기할 정도로 어울리지 않는 언어를 사용했다. 맥도널드라는 사람은 긴장감 넘치고 생생한 활기에 차 있었으나 그의 언어는 지루하고, 평범하고, 흐리멍덩하고, 식상하고, 뉘앙스가 없는 죽은 언어였다. 이 괴리감은 내가 호텔 방으로 돌아가서 감옥에서 녹음한 카세트테이프를 들었을 때 더욱 뚜렷해졌다. 맥도널드의 강렬한 존재에서 떨어져 나와 고립된 그의 소박한 언어는 끔찍하게 유치했다. 『치명적 환영』은 맥도널드가 맥기니스를 위해 교도소에서 녹음한 내용에 많은 지면을 할애했다. 나는 거기서 맥도널드의 언어를 확인할 수 있었다. '제프리 맥도널드의 목소리'라는 제목이 붙은 글은 "프린스턴에서 그해는 아주 좋았다."로 시작하여 이렇게 계속된다. "나는 콜레트와 사랑에 푹 빠져 있었고, 킴벌리가 태어나는 것도 멋지다고 생각했고, 사람들이 우리 집에 엄청나게 많이 놀러 왔다."

맥도널드를 만나고 몇 달 뒤에 나는 마이클 말리와 저녁 식사를 했는데, 식사가 끝나갈 무렵 말리가 맥도널드의 언어 문제를 화제로 꺼냈다. "제프는 말을 잘하는 편이 아닙니다." 그가 말했다. "감정 표현에 서툴고, 미묘한 차이 같은 것을 제대로 표현하지 못합니다. 내가 제프리 맥도널드를 다시 창조한다면 언어 습관부터 시작할 겁니다. 좀 더 표현하게 하는 거죠. 언어란 사람을 사람답게 하는 자질이고, 상대방이 어떤 사람인지 알 수 있는 주된 수단입니다. 나는 제프가 형사재판에서 패배한 이유가 두 가지라고 생각합니다. 하나는 판사가 증거 제출을 방해한 겁니다. 다른 하나는 제프였어요. 제프는 배심원들이 자기를 믿도록 설득할 능력이 없었습니다. 이런 내 생각을 제프는 좋아하지 않습니다. 제프는 자기가 말을 잘한다고 착각하고 있으니까요. 하지만 나는 항상 제프한테 '네가 군사재판에서 네 얘기를 가장 잘했을 때는 말을 멈췄을 때야. 더는 말을 잇지 못하고 무너져버렸던 그 순간 말이야.'라고 말하죠. 그때 판사석에 앉아 있던 대령과 장교 3명은 터져나오는 웃음을 간신히 참았답니다."

말리와 저녁 식사를 했던 1988년 4월, 나는 맥도널드와 서신 교환을 하고 있었다. 나는 그에게 보내는 편지에서 말리와 만났던 일을 언급하면서 그의 언어 문제를 조심스럽게 꺼냈고, 맥도널드도 그 점을 조금이라도 문제시하고 있는지 물어보았다. 맥도널드의 답장은 14쪽에 이르렀다. 그의 답장 일부를 인용한다.

내가 직접 만났을 땐 인상이 강렬하지만, 편지와 재판 기록에서는 그렇지 않다는 기자님의 지적은 별로 놀랍지 않습니다. (…) 내가 말조심하는 것처럼 보인다면, 그건 분명히 내가 부당하게 혐의를 받고 유죄 판결을 받았다는 사실 때문일 겁니다. 내가 나를 변호하면서 했던 말과 말하지 않은 것들까지도 철저하게 분석됐어요. 내 몸짓, 내 말, 내 편지, 내 꿈, 내 기억 등 '모든 것'이 공적으로 그리고 사적으로 해부됐고, 난 점차 내 기억의 아주 작은 부분 외에는 '아무것도' 더는 나만의 것이 아니라고 느끼기 시작했습니다. (…)

기자님이 그 질문을 했을 때 목덜미 털이 곤두서는 걸 느꼈습니다. 왜냐면 그 질문에는 (내 입장에서 볼 때) 조 맥기니스가 의도적으로 나를 터무니없이 잘못 묘사한 것을 두둔하는 의미가 포함돼 있기 때문입니다. 그 질문은 마치 '제프는 조의 그다지 정확하지 않은 묘사에 부분적으로 책임이 있다.'고 말하는 것 같습니다. 그건 말도 안 되는 소리고, 맥기니스가 진실하고 정확하게 묘사하기를 완전히, 완벽히 실패한 데 대한 변명이죠.

(…) 맥기니스는 그의 거짓말과 속임수와 사기 행위와 왜곡된 보도에 대해 해명해야 합니다. (…)

작가가 책의 실제 주인공에게 이렇게 가까이 접근한 경우는 부부 사이를 제외하곤 정말 드물죠. 우린 4년 동안 만나서 같이 식사하고, 대화하고, 편지를 주고받고, 교류했을 뿐 아니라, 함께 살았고, 그는 내가 평생 주고받은 편지들을 다 보았고, 내 인생에서 조금이라도 중요한 친구와 지인을 한 명도 빠짐없이 만났습니다. 게다가 그는 내 '변호인단'에까지 속했단 말이죠, 제기랄. 내부적으로 우리는 재판에 대비해서 생각할 수 있는 내 모든 약점을 구역질이 날 정도로 반복해서 분석했고, 그는 그 모든 걸 목격했습니다. 게다가 그는 내가 극도로 스트레스를 받은 시기에 내 모습을 보았고, 그런 상황에서 나와 함께 살거나 함께 일했던 사람들을 전부 만났습니다.

그래서 맥기니스는 거짓 묘사를 한 것에 대해 전혀 변명할 여지가 없어요. 그는 멀리 있는 대상을 안갯속에서 바라본 게 아니란 말입니다. 4년 동안 '가장 친한 친구'로 깊이 관여했고, 그랬는데도 나라는 존재의 핵심을 비켜갔단 말입니다.

나는 맥도널드에게 그의 언어 문제를 다시는 언급하지 않았다. 그리고 나중에 맥기니스 재판 기록을 다시 읽으면서 증언 하나를 발견했다. 그것을 미리 읽었더라면 섣불리 맥도널드에게 언어 습관이 이상하다는 말 따위는 하지 않았을 것이다. 그것은 정신의학자 마이클 스톤의 증언이었다. 『치명적 환영』에서 맥기니스는 맥도널드에게 컨버그가 정의한 병적인 나르시시즘 증세가 있다고 주장했다. 맥기니스의 변호인 콘스타인은 이 사실을 확인하기 위해 마이클 스톤을 전문가 증인으로 세웠다.(보스트윅은 반대신문에서 병적 나르시시즘이 미국심리학회의 정신질환 편람(DSM) 제4판에 기재되지 않았다는 사실을 지적했다. 그런데 정신질환 편람에 기재됐다고 해서 의문의 여지가 전혀 없는 것은 아니다. 현재 표준 정신질환 진단명은 중세시대 생리학에서 네 가지 체액과 연관 지어 붙인 병명 수준이다) 컬럼비아 대학에서 정신분석학 박사학위를 받은 코넬 의과대학 임상심리치료학 교수 스톤은 맥도널드를 진료하거나 만난 적조차 없었는데, 맥도널드가 맥기니스를 위해 만든 녹음테이프 녹취록 600쪽을 읽고 나서 맥도널드가 병적 나르시시즘보다 더 심각한 "악성 나르시시즘" 증상을 보인다고 확신했다. 스톤은 배심원들에게 자기가 녹취록에서 찾은 "다양한 비정상적 성격과 특성과 예시들"을 직접 색인으로 만들었다고 말했다. 그러나 "가장 인상적인 병적 나르시시즘의 증거는 (…) 녹취록 어딘가에 나타난 특성이 아니라 어디에도 없는 특성"이라고 말했다.

"그게 무슨 말씀입니까?" 콘스타인이 물었다.

스톤은 이렇게 대답했다. "맥도널드가 신경질적인 반응을 보일 때, 자기가 원하는 것을 거절당해서 분노할 때를 제외하면 녹취록 어디를 봐도 맥도널드 자신뿐 아니라 다른 누구도 실제로 존재하는 사람이라는 느낌이 들지 않습니다. 아무도 생생한 인물로 다가오지 않아요. 저는 이 녹취록을 두 번 읽었고, 제가 말했듯이 거기 등장하는 인물들을 모두 색인화했습니다. 저는 콜레트가 진짜로 어떤 사람이었는지 말할 수 없습니다. 킴벌리가 진짜로 어떤 아이였는지도 말할 수 없습니다. (…) 아무도 실존하는 인물 같지 않고, 모두 허깨비 같습니다. 자전적인 글을 600쪽이나 읽으면서 그런 경험을 하다니 놀라운 일입니다."

나는 맥도널드에게 보낸 편지에 "당신의 편지나 녹취록에 나온 당신 모습은 실제로 만났을 때보다 생생하지 않습니다."라고 썼는데, 그가 자신과 가족을 톨스토이 소설처럼 묘사하지 못했다고 문제를 제기했던 스톤의 오류를 나도 그대로 반복한 셈이었다. 녹음테이프에 담긴 맥도널드의 무미건조함을 나와 스톤이 (그리고 새 녹음테이프가 도착할 때마다 괴로웠다고 고백했던 맥기니스가) 이상하게 느꼈던 이유는 그것이 맥도널드 살인 사건의 끔찍하고 처절한 성격과 극도로 대조적이었기 때문이다. 살인자가 회계사처럼 말할 수는 없지 않겠는가? 그러나 사실 기자라면 누구나 동의하겠지만, 맥도널드의 무미건조함이 전혀 이상한 것은 아니다. 필립 로스(Phillip Ross)의 실험적 소설 『반(反)인생(*The Counterlife*)』에서 소설가인 화자 주커먼은 이렇게 말한다.

사람들은 완전히 빚어진 문학적 등장인물로 작가 앞에 나타나지 않는다. 보통 그들은 문학적으로 발전시킬 여지도 거의 주지 않고, 첫인상의 충격 이후에는 도움이 되는 것이 아무것도 없다. 사람들은 대부분(소설가 자신, 소설가의 가족, 소설가가 아는 모든 사람) 전혀 독창적이지 않지만, 그들을 독창적으로 보이게 하는 것이 바로 소설가의 일이다. 그 일은 쉽지 않다. 헨리가 흥미로운 인물이 되려면, 내가 그렇게 만들어야 했다.

그러나 기자의 본업은 창작이 아니라 보도이므로 헨리(주커먼의 서술에 따르면 "순진하고 재미없고" "완벽하게 평범한") 같은 사람을 만났을 때 그가 할 수 있는 일은 어서 달아나 더 적절한 사람이 나타나기를 기다리는 것뿐이다. 소설가는 주인공을 정할 때 인간의 모든 본성을 염두에 둘 수 있지만, 기자는 노출증 증세를 보이며 스스로 전설의 주인공이 되려고 하는 소수의 사람을 주인공으로 삼아야 한다. 다시 말해 소설가는 가상의 인물을 대상으로 삼아 작업하지만, 기자는 자신을 이미 '완성된 문학적 등장인물'로 제공하는 사람을 작업의 대상으로 삼을 수밖에 없다. 맥도널드 대 맥기니스 소송에서 기자는 자기가 쓰는 책의 주인공이 신(新)저널리즘과 '논픽션 소설'이 전적으로 의존하는 조지프 미첼(Joseph Mitchell)의 조 굴드,[19] 트루먼 커포티의 페리 스미스처럼 자동으로 소설의 인물로 변신하는 놀라운 부류도 아니고 논픽

---

19) 작가 조지프 미첼(Joseph Mitchell, 1908-1996)은 논픽션 『조 굴드의 비밀(*Joe Gould's Secret*)』에서 기인 조 굴드의 삶을 다뤘다.

션 주인공으로 적합하지도 않다는 사실을 너무 늦게 깨달은 듯하다.(또는 의도적으로 늦게 깨달았다) 맥도널드는 그저 사악한 범죄에 대해 결백을 주장하는, 지루하고 있을 법하지 않은 이야기밖에 제공할 것이 없는 우리처럼 평범한 사람이었다. 정상적인 상황이었다면, 맥기니스는 맥도널드가 평범하다는 사실을 재빨리 알아차려 작업을 취소하고, 기자의 작업에 걸맞은 영웅적인 주인공을 찾기 시작했을 것이다. 그러나 이런저런 이유로 맥기니스는 자기 눈앞에 있는 것을 보지 않기로 했다. 추측할 수 있는 한가지 이유는 맥기니스가 예전부터 '내부인'이 된다는 유혹에 약했다는 사실이다. 다른 외부인 누구도 듣지 못하는 대화를 듣게해준다는 제안, 다른 누구에게도 주지 않는 '맥도널드 접근권'을 준다는 제안을, 그는 틀림없이 거절하기 어려웠을 것이다. 다른이유는 자기 이야기를 책으로 써주기를 원했던 맥도널드의 압력이다. 나는 맥도널드가 감옥에서 녹음한 테이프 녹취록을 읽으면서 제프리 맥도널드한테서 라스콜니코프를 끌어내리려던 불쌍한 맥기니스가 직면했던 것이 무엇인지 알게 됐던 것처럼 맥도널드와 교류하면서 그의 거부할 수 없는 힘을 일부 느낄 수 있었고, 왜 맥기니스가 그 힘에 굴복했는지도 이해할 수 있었다. 맥기니스가 교도소에 있는 맥도널드에게 보낸 편지를 보면, 그는 맥도널드를 흥미로운 인물로 만들기 위해 온갖 노력을 기울이고있었다. 맥기니스는 심지어 본인의 성적 일탈을 고백하면서까지 맥도널드를 자극하여 이야깃거리를 끌어내려고 했다.(보스트윅은 법정에서 편지의 그런 대목들을 기꺼이 소리 높여 읽었다) 결국, 그는 맥도널드가 책 주인공으로 성공할 수 없다는 사실을 어느 순간 분명히 알게 됐을 것이다. 그러나 그 시점에 맥기니스는 집필 작업에 너무 깊숙이 발을 들여놓은 상태에 있었다. 책은 이미 상품으로 변질됐고, 맥기니스는 빚이 너무 많았다.(대출 이야기나 새 난방기구가 필요하다는 이야기 등 맥기니스의 돈 문제는 편지에 되풀이되는 또 다른 주제다)

맥도널드의 무미건조함을 해결하기 위해 맥기니스가 찾은 해결책은 비록 만족스럽지 않아도 그렇게 할 수밖에 없었다. 형사재판에서 검찰 측은 맥도널드가 실제로 그 범죄를 저질렀다는 사실을 입증하면 되므로, 그가 그런 범죄를 저지를 수 있는 부류의 인간임을 입증할 필요는 없다고 주장했다. 그러나 논픽션 작가인 맥기니스는 그것을 입증할 의무가 있었다. 그가 선택한 방법은 컨버그와 라쉬가 기술한 병적 나르시시즘 환자에 관한 생생한 묘사를 길게 인용하는 것이었다. 그는 분명히 그 인물들의 기운이 일부라도 맥도널드에게 전이되고, 나아가 그들의 극단적인 비인간성이 맥도널드한테서도 어떻게든 드러나기를 기대했다. 맥기니스의 인용문에서 컨버그가 "과대망상, 극도의 자기 중심성, 타인의 존경과 동조에 대한 갈망이 있는" 병적 나르시시즘 환자들의 "타인에 대한 관심과 공감 능력이 놀라울 정도로 결핍된 성격"을 이야기하며 다음과 같이 덧붙였을 때 그는 『대니

엘 데론다(*Daniel Deronda*)』[20]의 사악한 그랑쿠르나 『여인의 초상 (*Portrait of a Lady*)』[21]의 오스몬드를 가리켜 이야기한 것일 수 있다.

그들은 타인을 통제하고 소유하고 죄책감 없이 이용할 권리가 있다고 생각하며, 우리는 종종 그들에게서 매력적이고 호감 가는 겉모습 너머에 도사리고 있는 냉정함과 가혹함을 발견하 게 된다.

그러나 맥기니스의 작업을 생각하면 미안한 말이지만, 『치명 적 환영』의 600여 쪽에는 컨버그가 제프리 맥도널드를 병적 나르 시시즘 환자로 단정할 만한 근거가 없다. "오이디푸스 시기 이전 발달 단계에 존재하는, 아들을 잡아먹는 어머니에 대한 가상의 공포"에서 비롯한 나르시시즘 환자의 "여성에 대한 한없는 분노" 를 언급한 라쉬의 인용문도 맥기니스가 맥도널드와 관련해서 묘 사하는 어떤 사실과도 연관이 없다.

허비 클레클리의 사이코패스 개념은 맥기니스에게 그나마 유용했다. 1941년 처음 출간된 『정상의 가면』은 아주 묘한 책

---

20) 영국 빅토리아 시대의 소설가 조지 엘리엇(George Eliot, 1819-1880)의 마지막 장편소설이 다. 그랑쿠르는 부유하고 남을 조종하며 괴롭히기 좋아하는 성격이다.
21) 미국 소설가 헨리 제임스(Henry James, 1843-1916)의 대표적 장편 소설이다. 여주인공 이 사벨 아처와 결혼한 오스몬드는 극도로 자기중심적이며 무뚝뚝한 성격으로 결혼 생활이 파국 으로 치닫는다.

으로, 서두에서 (시대적 배경을 반영하여) 『피네건의 경야(*Finnegan's Wake*)』[22]를 비난하고, 반사회적 행동을 보여주는 일화로 미국 남부의 여인숙에서 지저분한 흑인 노동사 네 명과 성관계를 하다가 들킨 "총명하고 기품 있는 청년"의 예를 든다. 어떤 까닭인지 이 터무니없는 책은 지금까지도 미국 정신의학자들에게 영향력을 발휘하고 있다. 그리 오래되지 않은 1976년에도 5판이 출간됐고 여전히 미국 전역의 의과대학에서 교재로 채택된다. 앞서 인용한 것과 같은 황당한 사례로 가득한 이 책이 은근히 암시하는 바는 '사이코패스'라는 악인이 존재한다는 것이다. 사이코패스는 다른 사람과 전혀 다르거나 이상해 보이지 않지만, 사실은 "중증 정신질환"을 앓고 있다. 지독한 병세를 은폐하는 정상적인 겉모습이야말로 사이코패스의 주요 증상이다. '정상의 가면' 뒤에는 진짜 인간이 아니라 인간 복제품이 있을 뿐이다. 클레클리는 이렇게 말한다.

여기서 우리는 온전한 인간이 아니라 인간을 완벽하게 흉내낼 수 있게 정교하게 제작한, 조건반사를 일으키는 기계 같은 것을 마주하고 있다. 원활하게 작동하는 이 심리적 장치는 인간다운 합리적 추론의 표본들을 일관성 있게 복제하고, 삶의

---

22) 제임스 조이스(James Joyce, 1882-1941)의 마지막 장편소설로 문체와 형식이 특이하고 지극히 실험적이어서 당시 혹평을 받았다.

다채로운 자극에 반응하여 정상적인 인간의 감정을 흉내 내기도 한다. 그가 온전하고 정상적인 인간을 복제한 결과는 너무도 완벽해서, 아무리 그를 검사해봐도 그가 진짜 인간이 아닌 이유를 과학적, 객관적으로 설명할 수 없다. 그래도 우리는 그가 충만하고 건강한 삶을 살지 않는다는 사실을 안다.

물론 클레클리가 말한 "중증 정신질환"은 드라큘라 백작, 프랑켄슈타인의 괴물 등 훌륭한 문학작품의 등장인물이 앓았던 것과 같은 질환이다. 우리는 악인을 인간성과 영혼이 없는 괴물로 간주함으로써 악의 문제를 해결하고, 인간의 본성이 선하다는 낭만주의 신화를 영속하려는 태도를 영국 빅토리아 시대 낭만주의 문학에서 흔히 볼 수 있다. 클레클리의 저서가 오늘날까지 인정받는 심리학 교재로 남아 있다는 사실은 그런 환상이 정신의학자 사이에서 얼마나 강력한 힘을 발휘하는지를 보여주는 증거다. 사이코패스 개념은 맥도널드를 논픽션 소설에 어울리는 그럴듯한 살인자로 둔갑시키는 문제를 해결했다기보다 그 문제를 회피해도 된다고 허락했다. '사이코패스'라는 개념 자체가 악의 문제를 해결한다고 공언했지만, 사실은 그 문제를 회피하는 데 공헌했을 뿐인 것처럼 말이다. 악행을 저지른 사람이 악해 보이지 않는다는 클레클리의 이론은 모두 익히 알고 있는 사실일 뿐이다. 누구나 악행을 숨기려 하고, 모든 악인은 선한 인간의 가면을 쓴다. 클레클리의 사이코패스 개념은 사실상 악의 수수께끼를 푸는 데 실패했다고 인정하고, 그저 그 수수께끼를 다시 한 번 확인한 것에 불과하다. 그 결과, 날마다 악의 위력과 마주하는 정신의학자, 사회복지사, 경찰관들이 느끼는 좌절에 약간의 위로가 됐을 뿐이다. 맥기니스로서는 클레클리의 억지 주장이 맥도널드와 관련한 도덕적 딜레마에서 빠져나올 방법을 알려준 셈이었다. 맥도널드가 인간처럼 보일 뿐, 사실은 "정교하게 제작한, 조건반사를 일으키는 기계"라면,(가면을 쓴 기계란 말인가? 클레클리는 결국 이 은유를 제대로 수정하지 못했다) 맥기니스는 그에게 빚진 것도 없고, 처벌받을 이유도 없으며, 그를 배신해도 상관없었다. 그는 '그 사람'을 배신한 것이 아니라 끔찍한 '그것'을 배신했기 때문이다.

나는 캘리포니아를 떠나 뉴욕으로 돌아와서 마이클 스톤 교수에게 전화를 걸었다. 스톤 교수는 재판에서 맥도널드를 진단할 때 클레클리의 드라큘라와 컨버그의 그랑쿠르를 합성하여 아주 기묘한 결과를 내놓았다. 전화로 통화하면서 스톤 교수는 자기 증언의 내용을 좀 더 발전시킬 기회를 줘서 고맙다면서 내게 할 얘기가 아주 많다고 했다. 며칠 뒤에 나는 센트럴파크 서쪽 주거용 건물 1층에 있는 그의 사무실에 찾아갔다. 그랜드 피아노, 벨벳 휘장, 페르시아 양탄자, 비단 소파와 의자들, 문양이 새겨진 화려한 탁자, 고풍스러운 가죽 장정 서적들, 조명이 은은한 그의 사무실은 빅토리아 시대 응접실 혹은 그렇게 꾸민 무대 장치 같았다. 친절하고 온화한 얼굴에 장밋빛 혈색이 도는 스톤은 백발에 키도 크고 몸집도 큰 50대 중반 남성이었다. 그는 내게 낮은 대리석 탁자 앞에 놓인 비단 소파 중 하나에 앉으라고 손짓하고 나서 자신은 옆에 있는 곡목 흔들의자에 앉았다.

스톤은 나와 대화하기보다 피고 측 증인으로서 증언하려는 열의가 더 강한 듯했다. 재판에서 보스트윅의 반대신문을 받을 때 스톤은 콘스타인이 처음 전화하여 증언을 요청했을 때 관련 자료를 보기도 전에 이미 증언하기로 마음먹은 상태였음을 시인했다. 전문가 증인으로 출두하는 비용에 관한 보스트윅의 질문에 스톤은 아직 요율을 정하지 않았다고 대답했다. "내가 이 작업에 1,900시간 넘게 할애한 이유는 이 사건에 특별한 관심이 있었기 때문입니다. 누구도 나한테 600쪽짜리 녹취록 색인을 만들어달라고 부탁하지 않았습니다. 단지 내 머릿속에서 방향을 제대로 잡으려고 했던 일이기 때문에 시간당 청구 비용을 낮출 생각입니다." 사무실에 앉은 스톤은 이렇게 말했다. "몇 년 전에 『치명적 환영』을 읽었는데, 제프리 맥도널드는 분명히 병적인 인간이었습니다."

"책을 읽고 그렇게 생각하셨다는 말씀이세요?" 내가 물었다.

"물론입니다. 그 사람은 최소한 허언증이 있었고, 게다가 살인자였으니 사악하고 몹시 불쾌한 인간이고, 사회에 위협적인 존재, 정신병 환자였습니다. 하지만 내가 그 책을 읽을 당시에는 이런 사실에 별로 주의를 기울이지 않았습니다. 그저 흥미로운 책을 한 권 읽은 것뿐이었죠. 내가 인격 장애 전문가로서 이 사건을 검토해달라는 요청을 받은 시점에 나는 말하자면 아마추어 '살인학자'가 돼 있었습니다. 살인자의 심리를 그린 전기 작품들을 수집한 상태였고, 책을 읽었을 때보다 최근 2~30년 사이에 나타난 유명한 살인마들에 관해 훨씬 잘 알고 있었죠. 나는 이주제에 흥미를 느껴서 재판에도 기꺼이 참여하고 싶었습니다. 그렇게 맥도널드가 교도소에서 녹음한 테이프 30개에 해당하는 녹취록을 전해 받았죠. 그건 맥도널드의 가짜 자서전이었습니다. 전부 가짜였습니다."

"가짜였다고요?"

"전부 과장투성이에다 노골적인 거짓말이고 자기기만이었어요. 난 한 쪽씩 읽어가면서 거짓말, 과대망상, 허세 등 사례를 분류하고 모아서 색인을 만들었죠. 재판에서 질문을 받으면 녹취록의 어느 장 어느 절에 어떤 내용이 있다고 인용할 준비를 해둔 거죠. 그리고 증거물로 제출할 수 없다는 사실을 알면서도 – 법정에서 증거물을 채택하는 방식은 과학 연구에서 적용하는 방식과 다릅니다 – 작은 실험을 해봤습니다. 내 생각이 옳은지 확인해보려고 한 거죠. 녹취록 수백 쪽을 읽은 다음에 임의로 네 쪽을 골라서 비서에게 몇십 장 복사하게 한 다음, 내가 인격 장애과목을 강의하는 코넬 대학 학생들에게 나눠줬습니다. 학생들은 심리학 박사들과 젊은 정신의학자들입니다. 나는 다른 말은 하지 않고 이렇게만 말했습니다. '이것은 어떤 사람이 자기 일생을 구술한 녹음테이프에서 네 쪽을 발췌한 내용입니다. 그리고 이것은 미국 심리학회 정신질환 편람(DSM) 제3판에 수록된 표준 진단용 인격 장애 목록입니다. 발췌 내용에 한 가지 혹은 여러 가지 인격 장애 증세가 있다고 판단할 만한 증거가 있는지 여러분의 생각을 적어보세요.' 그러자 학생 전원이 나르시시즘을 지적했고, 대부분 반사회성을 찾아냈습니다. 단지 네 쪽을 읽고 그랬단 말입니다! 내 아내는 단 한 쪽을 읽고 알아냈죠. 어느 저녁, 내가 침대에 펼쳐놓은 녹취록을 곁눈질로 읽은 아내가 말했습니다. '맙소사, 이 나르시시즘의 화신은 대체 누구죠?' 물론 법정에서 나는 '교수님은 진찰한 적도 없는 사람의 병을 어떻게 진단하십니까?'라는 말을 들었습니다. 맞습니다. 대부분 그렇게 할 수 없죠, 하지만 인격 장애는 차라리 진찰하지 않았을 때 더 정확한 진단을 내릴 수도 있습니다. 인격 장애 환자는 새빨간 거짓말만 계속할 테니까요. 컨버그가 말하는 병적 나르시시즘의 개념은 공감 능력 결여, 과대망상, 타인을 조종하고 이용하는 나르시시즘적 특성, 무자비함, 타인을 속이고 상처 주고 사회 규범을 무시하는 반사회적 특성을 융합한 것에 불과합니다. 따라서 녹취록 네 쪽을 읽고 아내와 열댓 명의 학생이 너무도 쉽게 진단을 내린 것이 놀라운 일은 아닙니다. 하지만 이 실험은 남에게 전해 들은 이야기에 해당하기 때문에 증거물로 제출할 수 없었습니다. 참으로 답답한 일이었죠. 가장 우수한 과학 기준에 따르면 이 사람은 조 맥기니스가 말한 바로 그런 사람이었는데, 그 증거가 법정에서 채택될 수 없었으니까요."

나는 스톤에게 대조군이 없으므로 그의 실험이 우수한 과학 기준, 아니 어떤 과학 기준에도 전혀 못 미치는 것 같다고 말했다.

"그렇습니다." 스톤이 말했다. "그런 식으로 제프 맥도널드와 함께 정상인, 인격 장애 환자, 범죄자를 몇 명씩 섞어서 실험할 수도 있었습니다. 하지만 그렇게 해도 어차피 이 실험에 원고 측이 참관하지 않으면 증거물로 채택될 리가 없었죠. 원고 측은 절대 참관하지 않았을 겁니다. 그들은 맥도널드라는 사람이 책에 묘사된 바로 그런 인간이라는 사실을 아주 잘 알고 있으니까요."

"그건 교수님 의견이지만, 그걸 입증하지는 않으셨어요."

"안 했죠. 하지만 보스트윅도 자기 의뢰인이 소공자[23]는 아니란 걸 알았을 겁니다."

"맥도널드가 무죄일 가능성은 전혀 없다고 생각하세요?"

"그렇습니다. 재판에서 이 이야기도 하지 못했습니다. 보스트윅이 교활하게도 장난 같은 질문을 하면서 시간을 질질 끌었고, 난 비행기를 타러 가야 해서 사정이 그렇게 됐습니다. 자, 제프 맥도널드는 네 명의 침입자가 가족을 살해했다고 주장했고, 그것이 그가 주장하는 유일한 진실이었습니다. 맞습니다. 제프 맥도널드의 주색잡기와 방탕한 삶에 침입한 사람이 정말로 4명 있었습니다. 책임 있는 남편과 아버지로 살지 않는 맥도널드의

---

23) 영국 작가 프란시스 버넷(Frances Burnett, 1849-1924)의 아동소설 『소공자(*Little Lord Fauntleroy*)』의 주인공 세드릭을 가리켜 소공자라고 한다. 세드릭은 맑고 순수한 어린아이다.

타락한 성향을 방해한 네 명은 그의 아내 콜레트와 그의 딸 크리스틴과 킴벌리, 그리고 아내의 배 속에 있던 아들이었죠."

스톤은 계속해서 법정에서 맥도널드를 목격한 경험을 이야기했다. "그 사람 옆에 있게 돼서 몹시 초조했습니다." 그가 말했다. "그 사람 눈빛은 탱크라도 뚫겠더군요. 적의가 가득 찬 인간의 강철 같은 시선이었습니다. 나는 그가 가석방될 시기를 꼭 알려달라고 했고, 그것이 내가 죽고 나서 한참 뒤라는 걸 알고 나서는 그나마 조금 용기가 생겼습니다."

"교수님은 '맥도널드'라는 실재 인물을 잘 아시는 것처럼 말씀하시는군요." 내가 말했다. "하지만 그는 책 속의 인물입니다. 우리가 그에 관해 아는 것은 모두 맥기니스의 책에서 나왔어요."

스톤은 잠시 아무 말 없었고, 나는 내 발언이 경솔했나 싶었다. 한 텍스트 속 인물에게 다른 텍스트 속 인물의 존재론적 위치를 평가해달라고 요청함으로써, 맥기니스에게 그랬듯이 스톤에게 책 속의 인물이 된다는 것의 위험을 너무 빨리 경고했던 것일까? 스톤은 흔들렸지만 분명히 맥기니스보다는 강단이 있는 사람이었기에 결연하게 자기 고백을 계속했다. "맥도널드는 디킨스 소설에 나올 법한 인물은 아니죠." 옳은 말이지만 화제와 무관한 이야기였다.

"맥도널드를 정말 싫어하시는군요." 내가 말했다.

"싫죠. 임신한 아내를 칼로 찔러 죽인 남자를 좋아하기는 어렵죠. 뭐랄까, 그러려면 나한테 있는 것보다 더 많은 인류애가 필요합니다. 나는 '뿌린 대로 거두고, 거두려면 뿌려야 한다.'는 주의입니다."

스톤은 앞서 여러 세대에 걸쳐 폭력적인 사람들을 양산한 학대와 잔인함의 고리에 대해 언급했다. 나는 그에게 물었다. "맥도널드가 어렸을 때 학대받았을 가능성도 있지 않은가요? 유년기가 그다지 평화롭지 못했고, 자기가 당한 일들에 대한 기억을 억압했을 가능성은 없을까요?"

"있습니다."

"만약 그랬다는 사실을 알면, 그에게 좀 더 관대해질 수 있으신가요?"

"아닙니다."

"왜죠?"

"그자는 거짓말쟁이니까요. '나는 암페타민에 취해서 살인을 저질렀다, 내가 무슨 짓을 하는지 몰랐다, 콜레트는 심리학 수업을 듣고 있었고 집안을 장악하려고 해서 난 위협을 느꼈고 소외됐다, 큰딸을 조금 지나치게 어루만졌는데 아내가 그걸 알아차렸다, 그래서 한순간 광분해서 내 인생을 망친 그 순간에 그냥 다 죽여버렸다.'라고 남자답게 말하지 못했잖습니까? 이건 콜레트 양아버지의 주장입니다. 재판 기간에 그분은 내게 그렇게 말씀하셨습니다. 맥도널드가 그렇게 말할 수 있다면, 나는 여전히 그가 종신형을 살기 바라지만, 적어도 무슨 일이 일어났는지 정직하게 말했다는 사실에 얼마간 경의를 표하겠어요. 하지만 그는 그렇게 못 합니다. 그렇게는 못 하게 생겨먹었죠."

"교수님은 미국 정신과 의사치고는 매우 드물게 의견이 몹시 가혹하시군요."

"불행하게도 드문 게 옳습니다. 그래서 나는 많은 동료와 대립합니다. 나는 이 직업군이 너무 쉽게 모든 걸 이해해주고, 너무 쉽게 모든 걸 용서한다고 생각합니다. 그리고 '우리가 고쳐드리겠습니다.'라는 식의 태도도 있죠. 인간을 달에도 보내는데, 사이코패스 정도는 완치할 수 있지 않겠냐는 생각이죠. 하지만 살인 성향이 있는 사람은 정신의학의 범위를 넘어섭니다. 그런 사람이 일대일 치료 과정을 통해 교정될 수 있다고 생각하는 건 미친 짓입니다. 맥도널드 그자는 길 잃은 영혼이에요."

나는 마이클 스톤의 사무실을 보았을 때 깜짝 놀라 얼떨떨했지만, 노스캐롤라이나 주 더럼 변두리의 보안경비회사 안에 있는 레이 셰들릭(Ray Shedlick)의 창 없는 사무실을 보자 곧바로 친근감이 들었다. 벽을 둘러싼 암갈색 나무판, 액자에 끼운 면허증, 우승 트로피, 매서울 정도로 텅 비고 깔끔한 느낌이 미국 지방 관료 집단의 표상처럼 보였다. 뉴욕 시 경찰관으로 일하다가 은퇴

한 셰들릭은 1982년 맥도널드에게 사설탐정으로 고용됐다. 키크고 마른 체격에 사근사근한 55세 셰들릭은 붉은 면 스웨터 차림에 선글라스를 쓰고 1988년 겨울 어느 토요일 더럼 공항으로 나를 마중하러 나와 몇 마일 떨어진 곳에 있는 자기 사무실로 데려갔다. 그 사무실에서 우리는 세 번째 인물 제프리 엘리엇(Jeffrey Elliot)을 기다렸다. 엘리엇은 노스캐롤라이나 센트럴 대학의 교수이며 작가였다. 그는 맥도널드 사건을 다룬 책을 준비하고 있었고 맥기니스 재판에서 원고 측이 버클리와 왐바우를 반박하기 위해 내세운 증인이었다. 재판이 시작되기 전에 보스트윅은 엘리엇에게 연락하기를 한동안 망설였다. 맥도널드에 관한 책을 쓰는 작가를 저자와 책 주인공의 관계에 관해 증언할 전문가로 내세우는 일이 그다지 현명한 선택으로 보이지 않았기 때문이다. 그러나 맥도널드는 엘리엇을 부르자고 강력하게 주장했고, 보스트윅도 엘리엇과 전화로 통화하고 나자 우연히 보물을 발견했음을 깨닫고 생각이 바뀌었다. 버클리와 왐바우가 작가들의 관행이라고 선언한 편의주의에 맞서는 가치로 내세울 만한 '품격'을 몸소 보여줄 증인으로 엘리엇만 한 사람이 없었다.

"엘리엇 박사님." 보스트윅은 주신문 과정에서 말했다.(엘리엇은 정치학 박사다) "작가가 살아 있는 인물에 관해 책을 쓰려고 정보를 수집할 때 그 인물에게서 정보를 더 얻어내기 위해 자신이 실제로는 진실이라고 생각하지 않는 내용을 말해도 되느냐는 문제에 대해 어떻게 생각하십니까?"(보스트윅이 이렇게 어색하게 말한 이유는 앞서 이 질문을 할 때 '거짓말'이라는 단어를 사용한 데 대해 콘스타인이 이의를 제기했고 판사가 이를 인정했기 때문이다)

엘리엇은 이렇게 대답했다. "그런 사람도 분명히 있다는 것을 저도 알지만, 제가 보기에 그것은 지극히 변칙적이고 비전문적이며, 진실성과 원칙을 무시한 행동입니다. 저는 그런 적이 없습니다. 저라면 그렇게 하지 않습니다. 그리고 제가 인터뷰한 저자들, 알고 지내거나 함께 일하는 저자들은 대부분 일감을 따내려는 목적으로, 아니면 일감을 받은 뒤에 돈을 더 벌거나 유명해지는 데 유리한 이야기를 쓰기 위해 작품의 주인공을 조종하거나 속이거나 허위 사실을 말하지 않습니다. 그런 행동은 - 발각됐을 때는 더욱 - 자기 평판에 먹칠을 하고, 출판사를 망하게 하고, 신뢰도가 떨어져 다음 작업을 맡기 어려울 확률이 높습니다." 엘리엇은 계속 말했다. "전 세계적으로, 전국적으로 유명한 인물을 인터뷰할 때 적대적이거나 호전적인 태도를 보이면 인터뷰를 시작하기도 전에 일을 그르친다는 것은 자명한 사실입니다. 하지만 이 경우는 전혀 다릅니다. 사실은 적인데 친구로 믿게 하려고 글의 주인공이 오해할 만한 '비진실'을 말하거나 쓰는 것은 전혀 별개 문제입니다. 저는 그것을 용납할 수 없습니다."

콘스타인은 반대신문에서 엘리엇도 알고 보면 왐바우나 버클리보다 나을 게 없다는 사실을 보여주려고 엘리엇이 1985년 『플레이보이』에 실은 피델 카스트로 인터뷰를 언급하며 물었다. "자, 증인이 피델 카스트로를 인터뷰할 때 증인은 카스트로의 쿠바혁명에 반대한다는 사실을 그에게 말하지 않았습니다. 맞습니까?"

"예, 말하지 않았습니다." 엘리엇이 대답했다.

"그리고 증인이 그를 대학살의 주역이라고 생각한다는 사실도 말하지 않았죠?"

"예, 말하지 않았습니다."

"사실 증인은 카스트로의 관점에 세심하게 반응하고 이해하는 것처럼 보이려고 하지 않았습니까?"

"세심하게 반응하고 이해하고 경청하는 태도를 보였습니다."

"그렇습니다. 증인은 그에게 반대 의견을 피력하지 않았습니다. 맞습니까?" 콘스타인은 '답을 이미 알고 있는 질문만 한다.'는 반대신문의 제1규칙을 잊고 말했다.

"아니요, 반대 의견을 말했습니다." 엘리엇이 대답했다. "『플레이보이』 인터뷰를 읽어보면 여러 번 그랬다는 것을 알 수 있습니다."

콘스타인이 말했다. "그것은 박사님이 세심하게 반응하고 이해하는 태도를 보이려는 의도에 따른 것이었습니까?"

엘리엇은 기회가 왔다는 것을 깨닫고 도도하게 대답했다. "껄끄러운 질문이든 아니든, 그 질문을 꼭 해야 할 때가 있습니다. 진실이 그것을 요구합니다."

더럼에 가기 몇 주 전에 나는 엘리엇과 통화했다. 재판에서 보스트윅의 질문에 엘리엇은 자기가 캘리포니아 주 흑인 국회의원 머빈 디멀리의 국제관계 특별자문위원이 맞다고 확인해줬다. 그는 노스캐롤라이나 센트럴 대학에서 흑인 정치학, 흑인 시민 운동, 자유민권사상 등을 강의했고, 미국 흑인의 생활과 역사 학회에 속해 있었으며, 알렉스 헤일리,[24] 셜리 치솜, 줄리언 본드 등 여러 흑인 저명인사를 인터뷰했기에, 나는 엘리엇이 흑인이리라고 추측했다. 그러나 통화하면서 그가 백인이며 유대인임을 알게 됐다. 그는 우연히 미국의 흑인 문제를 연구하게 됐다. 박사학위를 받고 나서 알래스카 주립대학 강사로 취직한 엘리엇은 알래스카에 도착하자마자 흑인 관련 수업을 맡으라는 학교 당국의 지시를 받았다. "나는 인종 문제를 공식적으로 공부한 적도 없었고, 다른 교수들과 학교 측이 흑인 연구 분과를 없애려고 한다는 사실을 곧 알게 됐습니다." 엘리엇이 내게 말했다. "그들의 의도를 명확히 알고 나니 어쨌든 수업을 꼭 해야겠다는 생각이 들었습니다. 가르치면서 배울 셈이었죠. 그렇게 가르치고 공부할수록 흑인 문제에 점점 더 흥미를 느꼈습니다. 이 분야에 연구서가 거의 없다는 사실을 분명히 알게 됐고, 흑인들이 책을 쓰지 않으니 내가 써야겠다 싶었습니다. 하지만 출판사에 가서 출간을 제안하면 그들은 이렇게 말하곤 했죠. '좋은 생각입니다만, 이걸 알아두십시오. 첫째, 흑인들은 책을 사지도 않고, 읽지도 않습니

---

24) 알렉스 헤일리(Alex Haley, 1921-1992)는 미국의 흑인 소설가다. 대표작으로 장편소설 『뿌리(*Roots*)』와 『말콤 X(*Malcolm X*)』(공저)가 있다.

다. 둘째, 흑인 관련 책은 시장이 없습니다.' 그것은 인종차별적인 태도였습니다."

셰들릭의 사무실에 도착한 엘리엇은 키가 작고 통통했으며 곱슬곱슬한 회색 머리카락이 슬슬 빠지는 중인 듯했다. 안색이 어둡고 두꺼운 안경을 쓴 그는 40세 나이보다 훨씬 더 늙어 보였다. 전화 통화로 나는 그의 진지하고 진실한 태도에 대해 마음의 준비를 하고 갔으나 그의 엄격함에 대해서는 미처 준비하지 못했다. 엘리엇처럼 자신에게 엄격한 사람 옆에 있는 것은 드문 경험이었다. 친근감을 표시하는 평범하고 작은 몸짓들, 우리가 자동으로 타인에게 베풀고 자동으로 타인에게 기대하는 그런 몸짓을 엘리엇은 전혀 하지 않았다. 그는 자기 안에만 있으면서 상대방을 전혀 도와주지 않았고, 호의나 유머도 전적으로 거부했다. 셰들릭과 엘리엇은 잘 아는 사이였다. 엘리엇은 맥도널드에 관해 책을 쓰기 위해 자료 조사를 하다가 셰들릭을 만나게 됐다. 셰들릭은 엘리엇이 오기 전에 이렇게 말했다. "엘리엇 박사님은 누가 속인다고 넘어갈 분이 아닙니다. 사안을 아주 노련하게 파고들고 사실에만 근거를 두는 분입니다. 박사님 눈은 속일 수 없어요. 우린 단번에 마음이 통했죠." 셰들릭은 엘리엇이 사무실에 도착하고부터는 말을 아끼면서 마치 어려운 작품을 실수 없이 해석해내는 수제자의 연주를 듣는 음악 선생처럼 흐뭇해하며 차분하게 엘리엇의 말에 귀 기울였다.

나는 엘리엇에게 맥도널드에 관한 책을 쓰기 시작한 계기를 물었다. 그가 말했다. "텔레비전에서 영화로 만든 『치명적 환영』을 봤는데 뭔가 잘못됐다는 것을 직감했습니다. 그래서 영화를 다 보자마자 서재로 가서 닥터 맥도널드에게 인터뷰를 요청하는 편지를 썼습니다. 22주 뒤에 받은 답장에 맥도널드 씨는 인터뷰 요청이 쇄도해서 진지하게 인터뷰를 딱 하나만 하고 싶다고, 내가 보낸 이력서와 자료를 검토하고는 나와 인터뷰하기로 했다고 썼습니다. 나는 플레이보이 사에 연락했고 그들은 결국 이 작업에 합의했습니다.(엘리엇의 맥도널드 인터뷰는 1986년 4월 호에 실렸다) 나는 몇 달 동안 인터뷰를 준비했고, 교도소에서 맥도널드 씨와 만난 시간은 모두 25시간 정도였습니다."

"맥도널드 씨가 결백하다고 생각하시나요?" 내가 물었다.

"내 생각에 맥도널드 씨는 적어도 새 재판을 받을 권리가 있습니다." 엘리엇이 말했다. "나는 그분이 완벽하게 결백하다고 생각한다고는 절대 말하지 않겠습니다. 하지만 만약 재판 이후에 발견된 증거들과 재판 당시 억제된 증거들이 법정에 제출된다면 맥도널드 사건의 다른 측면을 보여줄 것이고, 공정한 배심원이라면 다른 결론을 내릴 가능성이 크다고 봅니다. 내가 보기에 맥도널드 씨의 주장에는 신빙성이 있습니다. 합리적 의혹을 인정하고도 남을 상황입니다. 결함투성이인 정부 측 주장과 아직 답을 찾지 못한 의문들이 남아 있는 맥도널드 측 주장 중에서 하나를 고른다면, 나는 맥도널드 측을 믿겠습니다. 무엇보다도 정부가 재구성한 사건을 토대로 근거로 맥도널드 씨를 수감하지는 않을 것입니다."

"누구나 자주 교류하는 사람을 무죄로 믿는 편을 선호하겠지요. 박사님이 맥도널드 씨와 그런 것처럼요. 그러지 않으면 마음이 불편할 테니까요."

"그렇습니다. 내가 맥도널드 씨의 이야기를 책으로 쓰겠다고 생각했을 때 그 일에 물불 안 가리고 뛰어든 것은 아닙니다. 내 생각과 다른 입장이 실제로 존재하는 만큼, 그것이 신뢰할 만한 것인지를 확신할 수 있어야 했습니다. 맥도널드 씨의 무죄를 입증할 수 없는 상황에서 무죄를 주장하는 어리석은 행동을 할 생각은 없었습니다. 수감자들 편에서 책을 썼던 노먼 메일러[25]나 동부 출신 기자들 이야기는 기자님도 잘 알 겁니다. 나는 그런 작가가 되고 싶지는 않았습니다. 무엇보다도 내가 사안을 정확히 이해해야만 했습니다. 내가 작업에 착수하게 된 가장 강력한 계기는 맥도널드 씨가 보내준 조 맥기니스의 편지 복사본이었습니다. 바로 그 편지들을 보고 나는 이 이야기에 다른 관점이 있음을 확신했습니다. 지나치게 계산적이고, 남을 조종하려 들고, 기만적이어서 – 맥기니스의 본심을 염두에 둔다면 편지에 적은 내용을 전혀 신뢰할 수 없었습니다 – 맥기니스가 책에서 진실을 말하

---

25) 노먼 메일러(Norman Mailer, 1923-2007)는 미국 소설가로 트루먼 커포티와 함께 '논픽션 소설' 또는 신(新)저널리즘의 대표주자다. 미국에서 사형 제도가 부활하고 나서 처음으로 사형 선고를 받아 논란을 일으킨 살인자 게리 길모어를 주인공으로 한 논픽션 『사형 집행인의 노래(*Executioner's Song*)』로 퓰리처 상을 받았다.

지 않은 것은 아닌지 궁금할 수밖에 없었습니다. 나는 그 편지들을 읽고 몹시 불쾌했습니다. 사실 나는 예전부터 조 맥기니스를 동경해서 그의 책 『대통령 팔아먹기』를 수업에 활용하기도 했습니다. 그런데 출간 직전까지 맥도널드 씨한테 책이 그의 결백을 증명해주리라고 장담하는 편지들을 읽다 보니 충격에서 벗어나기 어려웠습니다. 그 편지들은 최소한 조 맥기니스에게 경악할 정도로 윤리 의식이 없다는 사실을 보여줬습니다. 나는 상황에 따라 달라지는 윤리 의식을 믿지 않고, 기자가 작업 대상을 놓치지 않으려고 거짓말하고 부정확한 진술을 해도 된다고는 절대 믿지 않습니다. 또한, 그런 표리부동은 글의 가치에 대해 심각한 의혹을 제기한다고 생각합니다. 언론의 자유가 거짓말할 권리에 좌우된다면, 그것은 보호할 필요가 없는 자유입니다. 맥도널드 씨 어머니한테 전화로 '아드님이 석방될 때까지 쉬지 않고 노력하겠습니다.'라고 말해놓고는 뒤돌아서 그런 책을 쓰다니, 몹시 불미스러운 일입니다."

나는 엘리엇에게 저자로서 맥도널드와의 관계가 다른 인터뷰 대상과의 관계와 특별히 다른 점이 있느냐고 물었다.

엘리엇이 대답했다. "별로 다르지 않습니다. 이 작업은 제게 중요하지만, 저와 맥도널드 씨의 관계가 특별히 긴밀한 것은 아닙니다. 나는 이것을 사람들에게 알려야 하는 이야기, 중대한 결과를 가져올 수 있는 이야기라고 보지만, 맥도널드 씨한테 개인적으로 매료된 것은 아닙니다. 사적으로 그와 친해서 이 일을 하는 게 아니라는 말씀입니다. 분명히 그분은 날 인간적으로 매료하지 못했습니다. 맥도널드 씨와 맥기니스의 관계와는 명백히 다르죠. 물론 나는 그분이 감옥에 들어가기 전에 안면이 없었지만, 어떤 상황에서도 우리가 해변을 함께 달릴 일은 없을 겁니다. 나는 조 맥기니스와도 기질이나 성격이 전혀 다릅니다. 나와 맥도널드 씨보다는 그 두 사람이 서로 잘 맞았으리라 짐작합니다."

"그 차이를 어떻게 규정하시겠어요? 박사님은 맥기니스와 어떻게 다르신가요?"

"맥기니스는 유명해지고 싶어 하고, 저명인사들의 이름을 능란하게 들먹이고, 돈과 영향력으로 치장한 상태를 좋아하고, 파티에 가고 가벼운 여가 활동을 즐기는 동부 지식인 부류입니다. 반면에 나는 냉정한 학자고, 심각한 주제에 대해 글을 쓰는 진지한 작가입니다. 맥도널드 씨와 맥기니스는 나보다 전통적인 남성상에 가깝습니다. 스포츠를 열광적으로 좋아하는 것만 해도 그렇죠. 나는 심각한 주제, 공적으로 의미 있는 문제에 더 관심이 있습니다."

엘리엇은 자신의 성장 과정을 이렇게 서술했다. "나는 동유럽 이민자 후손으로 로스앤젤레스의 전형적 유대교 백인 가정에서 자랐습니다. 아버지는 사치스러운 휴가를 가거나 호사스러움을 과시하는 부류가 아니었습니다. 그리고 직업윤리를 중시해서 자식들한테 가르치고, 돈을 절약해야 한다고 강조했죠. 우리가 어떤 가족이었느냐면, 저녁 식사 때 내가 밖에서 어떤 벌레를 보았다고 말하면 아버지가 '곤충에 관심 있구나? 여러 가지 곤충을 보러 가겠니?' 하시면서 토요일에 날 자연사 박물관에 데려가시는, 그런 가족이었습니다.

우리 가족은 매우 정치적이었습니다. 선거 활동에도 참여하고, 식탁에서 정치를 논하고, 각자가 중요시하는 대의명분에 따라 적극적으로 행동했습니다. 어머니와 아버지는 사회활동에 참여하고, 부조리를 바로잡는 일의 중요성을 늘 강조하셨습니다. 세상 사람들이 말은 청산유수로 잘하지만, 정작 노력과 실천은 하지 않는 문제들에 실질적이고 능동적으로 관심을 보이신 겁니다. 그래서 나는 베트남전의 부당함을 보았을 때 어머니와 아버지가 그러셨듯이 말보다 행동을 중시해서 미국의 결정을 비판하는 글도 쓰고 시위에도 적극적으로 참여했습니다. 인종차별, 성차별 등 모든 차별에도 마찬가지로 행동합니다. 유명 대학에서 임용 제안이 있었지만, 지금 나는 하버드나 예일처럼 가고 싶어하는 교수들이 차고 넘치는 대학보다는 학생이 대부분 흑인인 대학에서 강의합니다. 나는 이 세상에서 사람과 사람을 연결하는 다리 역할에 내 모든 능력을 쏟기로 했습니다. 나는 백인들이 다 똑같지는 않다는 사실을 말보다는 행동으로 입증하는 사람이 되려고 합니다. 그것이 바로 내가 하기로 적정한 일입니다."

모든 이에게 본보기가 될 만한 이 인물한테서 콘스타인이 느꼈을 법한 기분을 나도 느끼자, 나는 참지 못하고 불쾌한 질문을 던지고 말았다. "그럼, 하버드나 예일에서 임용 제안을 받으신 적은 있었습니까?"

"지원한 적이 없습니다." 엘리엇이 말하고는 덧붙였다. "이런 저런 대학에서 정기적으로 제안이 오곤 합니다."

나는 유도신문을 하나 더 해봤다. "동부 지식인들의 퇴폐적 생활 방식과 여가 활동을 언급하셨는데, 박사님은 어떤 여가 활동을 하세요?"

"내게 가장 큰 즐거움을 주는 것은 일입니다. 만약 경품에 당첨돼 하와이를 일주일 동안 여행해야 한다면 나한테는 형벌일 겁니다. 얼마 전 세계적인 갑부 아드난 카쇼기의 집에서 열린 파티에 초대받은 적이 있습니다. 이번에 카쇼기는 캘리포니아에 57번째 집을 샀죠. 그때 나는 연예인들과 카쇼기가 존경하는 인도인 구루에 관한 책을 쓰던 중이었습니다. 엘리자베스 테일러, 캐리 그랜트, 마이클 요크가 파티에 온다고 들었습니다. 나는 비행기를 타고 거기 가서 백만장자, 억만장자들에게 둘러싸였습니다. 흥미로운 경험이었지만 아주 흥미롭지는 않았습니다. 나와 이야기 나눈 사람들은 대부분 머리가 비어 있었습니다. 그들은 최근에 산 물건이나 좋아하는 식당이나 요트나 최근 거래에 관해 이야기했습니다. 그런 것들은 나한테 아무런 동기를 부여하지 않습니다. 나는 그들과 동질감을 느끼지 못할뿐더러 그들이 표상하는 퇴폐성을 혐오합니다. 미국 국민 3분의 1이 가난에 찌들어 살아가고 에티오피아에서 어린아이들이 죽어간다는 사실을 알고 있으니까요. 나는 생계를 꾸리기 위해 고군분투하고, 식구들한테 다정하고, 변해야 할 것들을 변화시키기 위해 열심히 일하는 노동자 계급에 동질감을 느낍니다.

나는 맥도널드 씨를 롤 모델도 생각하지도 않고, 그분이 신봉하는 가치에 따라 살 생각도 없습니다. 내가 그분을 좋아하든 말든, 그것은 내가 이 사건을 추적하는 이유와 무관합니다. 내 생각에 이 사건이 내포하는 의미는 맥도널드 씨 한 사람을 넘어섭니다. 만약 정부가 결백한 사람을 교도소에 보낼 수 있다면, 의사인 맥도널드 씨보다 권력이나 영향력이나 돈이 없는 사람을 얼마든지 교도소로 보낼 수 있다는 말이 됩니다."

엘리엇은 맥기니스나 다른 사람들과 마찬가지로, 군사재판이 끝난 지 얼마 안 된 1970년 가을 맥도널드가 딕 캐벗 토크쇼에 나갔던 일이 맥도널드의 몰락을 초래했다고 생각했다. 토크쇼에서 맥도널드는 군 범죄수사 부서가 수사에 실패하고는 자기한테 죄를 덮어씌웠다고 비난했다.(나와의 인터뷰에서 맥기니스는 녹화된 그 토크쇼를 봤을 때 맥도널드의 태도에 경악했다고 말했다. "그 사람은 전국에 방송되는 텔레비전 프로그램에서 딕 캐벗과 함께 깔깔대고 농담하며 앉아 있었습니다. 거기 앉아서 처자식이 살해된 이야기를 하며 그걸 유명해지는 수단으로 삼았다니까요. 난 처음부터 이것이 꺼림칙했습니다. 살인 사건에 관련된 화제를 피하기는커녕 어떻게 해서라도 그 비극을 발판으로 삼아 유명해지려고 했던 이유가 뭘까요?") 엘리엇이 말했다. "맥도널드 씨가 딕 캐벗 쇼에 나가서 군 관계자들 이름을 밝히고 그들이 무능하고 어리석고 일을 엉망으로 한다고 떠드는 바람에 군에서 수사를 재개했습니다. 바로 그 토크쇼 때문에 군 관계자들이 이렇게 생각했죠. '무혐의로 풀려나고서는 이제 우리를 공격하겠다는 건가?' 토크쇼에서 맥도널드 씨 최악의 적은 바로 자신이었습니다. 조 맥기니스를 고용했다는 점에서도 최악의 적은 자신이었죠. 책 초고를 보겠다고 주장하지 않은 점에서도 최악의 적은 자신이었고, 맥기니스를 변호인단에 받아들이고 그에게 모든 것을 주고 그저 맹목적으로 신뢰하며 그의 편지만으로 맥기니스가 모든 걸 알아서 잘하리라고 생각했다는 점에서도 맥도널드 씨 최악의 적은 바로 자기 자신이었습니다."

"맥기니스는 그것을 순진함이 아니라 오만으로 해석하던데요." 내가 말했다. "나르시시즘 병리의 일부로 여기는 거죠."

"더 간단히 말자면 맥도널드 씨는 기자나 작가와 교류한 경험이 없었습니다." 엘리엇이 말했다. "그분은 자기 이야기가 세상에 알려지기를 절박하게 원했는데, 이 젊고 매력적이고ㅡ내가 보기에는 아니지만ㅡ다소 카리스마가 있고 꽤 알려진 기자가 접근했습니다. 맥도널드 씨는 신문과 텔레비전의 화려함에 눈이 멀어 있었습니다. 딕 캐벗 쇼에 출연해서 자기한테 불명예스러운 꼬리표를 달아준 사람들에게 그것을 되돌려주겠다는 생각에 무척 들떠 있었습니다. 하지만 그분은 너무도 아둔했습니다. 시청자들이 '이제 막 처자식을 잃고 실의에 빠진 사람 같지 않아. 줄곧 자기 이야기만 늘어놓고 있잖아.'라고 반응할 줄은 까맣게 몰랐던 겁니다. 사람들은 토크쇼를 보고 맥도널드 씨가 냉혹하고 이기적인 인간이라고 생각했겠죠."

"딕 캐벗 쇼 출연에 응했다는 것이나, 가족을 잃고도 상심하는 기색이 없었다는 사실을 알면 누구나 멈칫할 수밖에 없지 않을까요?" 내가 말했다.

"맥도널드 씨가 괜찮은 인간이 아니라는 이유로 살인자라고 결론지을 수는 없습니다. 사람들은 그분한테 완벽함을 요구하고 그분이 마땅히 갖춰야 할 특성들을 찾으려고 합니다. 우리가 그분한테서 보고 싶어 하는 다정함, 섬세함, 판단력, 따뜻함이 없을 수도 있습니다. 하지만 그렇다고 해서 그분이 삼중살인을 저질렀다고 단정할 수는 없습니다."

몇 주 뒤 어느 흐린 날, 나는 밥 키일러를 만나러 롱 아일랜드에 있는 뉴스데이 사로 차를 몰았다. 키일러는 40대 중반 남성으로 머리가 살짝 벗겨졌고, 이목구비가 작고, 말이 빠르고, 직설적이고, 가식 없는 분위기를 풍겼다. 키일러는 자기가 1973년부터 『뉴스데이』에서 맥도널드 사건을 담당했고, 형사재판 약 1년 전에 사건에 관한 책 ─ "한쪽 이야기만 배타적으로 다루지 않는 공평한 책, 진정한 저널리스트의 작품다운 책, 균형 잡힌 책" ─ 을 쓰기로 했다고 말했다. 형사재판 즈음에 키일러는 개요와 초고 일부분을 더블데이 출판사에 보냈는데, 출판사는 재판이 끝날 때까지 계약을 미뤘다. 키일러에게는 낭패였던 것이, 맥기니스와 계약한 출판사가 더블데이의 자회사인 델 출판사였고, 그렇게 해서 키일러의 기회는 사라졌다.

"운이 따르지 않았군요." 내가 말했다. "맥기니스가 나타나지 않았다면…"

"아뇨, 안 그래도 뭔가 다른 일이 생겼을 겁니다." 키일러가 내 말을 자르고 들어왔다. "나는 돈 문제에는 늘 재수가 없어요. 난 부자가 아닙니다. 월급으로 그럭저럭 생활을 꾸리고 괜찮은 집도 있지만, 부자가 될 부류는 아니죠." 그가 말을 계속했다. "어쨌든 나는 원고를 계속 쓰면서 다른 출판사를 알아보기로 했습니다. 당시 나는 조가 '죄 없이 핍박받은 제프리'의 이미지를 부각하는 책을 쓸 텐데, 이것이 이 사건을 다룬 유일한 책이 돼서는 안 되겠다 싶었죠. 왜냐면 나는 제프리의 결백을 믿지 않았으니까요. 하지만 시간이 지나면서 내 책을 출간할 수 없으리라는 걸 깨달았습니다. 내가 이 작업에 들인 노력과 시간이 모두 물거품이 된 거죠. 그러다가 맥기니스도 제프리가 결백하다고 생각하지 않는다는 사실을 알게 되자, 내가 롱 아일랜드 지역에서 수집한 자료를 조에게 건네주기 시작했습니다. 자기중심적인 의도에서 그런 거였지만, 내 나름대로 도움을 주고 싶었던 겁니다. 그러면 비록 내 책은 아니더라도 그의 책에 일정 부분 나도 참여한 셈이 되니까요."

"마음이 넓으시군요." 내가 말했다.

"그때 나는 더 잃을 것도 없었습니다. 목표는 사라졌고, 수집한 정보는 무용지물이 됐거든요. 내가 그걸로 뭘 하겠습니까? 서랍 속에서 썩어가게 내버려둘까요? 그 사람이 진실한 책을 쓰고 있고, 내가 작은 도움이라도 줄 수 있다면, 그걸로 됐죠. 그러다 어느 시점에 맥도널드인지 아니면 맥도널드의 연락책인지, 어쨌든 누군가가 맥기니스가 맥도널드한테 쓴 편지 뭉치를 내게 보냈습니다. 그때 나는 조한테 실망했습니다. 기자님도 그 편지들을 보셨잖아요. '키일러와 말 섞지 마세요.' 그 따위 말을 하다니! 나는 맥기니스가 지나치다고 생각했습니다. 프로 미식축구 우승팀이 동네 소년 미식축구단을 두드려 팬 거나 다름없었죠. 내 책은 출간될 수도 없었단 말입니다. 편지에는 다른 문제도 있었습니다. '아, 당신이 감옥에 갇혔다는 건 얼마나 끔찍한 일인지, 얼마나 끔찍하게 부당한 일인지.'라는 식의 온갖 감상적 넋두리투성이였습니다. 기자는 대부분 인터뷰 대상한테 실제 자기 감정을 표현하지 않지만, 맥기니스는 선을 넘었다고 생각합니다. 이 문제를 두고 윤리적인 논의를 할 수도 있을 겁니다. 맥기니스가 나한테 '당신도 제프리한테 당신의 감정을 솔직하게 말한 적이 없잖습니까?'라고 말할 수도 있겠죠. 네, 그건 사실입니다. 말한 적이 없어요. 내가 이 사건을 10년 동안 담당하면서 잘했다고 생각하는 것 중 하나가 바로 그겁니다. 제프리 맥도널드는 내가 10

년 전 첫 기사를 쓴 날부터 자기를 유죄라고 생각했다는 사실을 전혀 알아차리지 못했을 겁니다. 이 말은 내가 내 관점에서 불편부당하고 공정하게 글을 썼다는 뜻입니다. 그는 내 생각을 물은 적이 없었고, 나도 내 생각을 그에게 말한 적이 없습니다. 나는 기자가 마땅히 그렇게 행동해야 한다고 생각합니다. 기자는 자기가 느끼는 바를 인터뷰 대상한테 자발적으로 떠벌리지 말아야 합니다. 그게 저널리즘이죠. 물론 조와 맥도널드의 관계는 조금 달랐어요. 인터뷰 대상과 기자이면서 동시에 동업자였죠. 따라서 '그렇다면 조가 제프리에 대해 지고 있는 진실의 의무가 달라지는가?'라는 윤리적인 질문을 던질 수 있죠. 난 모르겠습니다. 개인적으로 조가 제프리를 속여야 했다고 생각하지 않습니다."

키일러의 이야기를 들으면서 나는 나 자신의 상황을 돌이켜 보지 않을 수 없었다. 맥기니스와 맥도널드의 관계는 이익을 함께 추구하고 나눈다는 측면에서 통상적인 기자와 인터뷰 대상의 관계와 달랐다. 그처럼 나와 맥기니스의 관계도 전형적인 것은 아니었다. 우리가 만나자마자 약속 파기와 단절이 너무 일찍 발생했던 것이다. 그러나 다른 기본적인 측면들에서 맥기니스의 작업이나 내 작업은 다른 작가들의 논픽션 작업과 다를 바 없었다. 모든 논픽션 작가는 인터뷰 대상과의 골치 아픈 관계를 토대로 방대한 작품을 쓰고, 때로 소송까지 겪는다. 맥기니스와 나는 작가로서 인터뷰 대상의 편에 서기를 거부했고, 오히려 반대되는 관점을 받아들였다. 맥기니스가 검사 측 시선으로 맥도널드를 바라보게 됐듯이, 나는 자료 조사를 진행하면서 보스트윅 측 시선으로 맥기니스를 보게 됐다. 맥기니스가 나와 더는 대화하기를 거부한 탓에, 더 정확히 말하면 그 덕에 나는 맥기니스보다 운이 좋았다. 맥기니스는 나와 접촉을 끊음으로써 인터뷰가 순조롭게 진행됐을 경우에 내가 틀림없이 느꼈을 죄책감을 미리 덜어줬다. 거의 알지도 못하는 사람을 배신할 여지는 없기 때문이다. 그렇게 짧은 만남에서 상대는 기분이 상해서 나와 통성명도 하지 않았기를 바랄 수는 있겠지만, 배신당했다고 주장할 수는 없다. 그러나 인간적인 측면이 아니라 글쓰기 측면에서 나는 맥기니스만큼 운이 없었다. 나도 내가 전혀 좋아하지도 않고 문학적 인물로 빚어내기도 어려운 사람을 중심인물로 선택했기 때문이다. 앞서 나는 맥도널드가 페리 스미스나 조 굴드처럼 특유의 자기 창조를 통해 작가의 작업을 상당 부분 대신 해주는 논픽션 장르의 '타고난 주인공'이 아니라고 지적했다. 하지만 그때 나는 삶에서 위대한 논픽션 작품으로의 변신 과정에 꼭 필요한 핵심 요소를 거론하지 않았다. 그것은 바로 작가가 자신을 주인공과 동일시하고, 주인공에게 근본적인 애착을 느끼는 것이다. 그것 없이는 변신이 일어나지 않는다. 조 굴드와 페리 스미스는 실제로 지루하고 장광설을 늘어놓는 괴짜에 불과하지만, 논픽션 작가의 내면으로 들어가면 흥미로운 인물로 변신할 수 있다. 그러나 맥도널드한테는 그런 야망이 없었다. 그는 스스로 자신이 평범한 사람이라고 했고, 지금도 그렇게 말하고 있다. 그는

"난 그저 괜찮은 사람일 뿐인데 악몽 같은 사법제도에 휘말려 내 결백을 증명하려고 싸우고 있습니다."라고 했다. 맥기니스가 맥도널드를 믿고 그의 결백을 주장하는 책을 썼다면 매력적이지는 않아도 더 설득력 있는 주인공을 창조했을 것이다. 일관성도 없고 사악하지도 않은 살인자에 대한 책을 쓰는 대신에 말이다. 마찬가지로 내가 명예훼손 소송에서 맥기니스의 입장에 동조하고, 앙심을 품은 책의 실제 주인공이 저지른 악랄한 복수극의 희생양에 관한 책을 썼다면, 나 또한 더 나은 주인공을 창조할 수 있었을 것이다. 맥기니스의 맥도널드가 그렇듯이 나의 맥기니스도 어딘가 아귀가 맞지 않았다.

"예기치 못한 상황 때문에 책을 포기해야 해서 속상하셨겠네요?" 내가 키일러에게 물었다.

"실망했죠. 내 인생에서 책을 쓸 만한 인물이 나타난 건 그때가 처음이었습니다. 난 이 사건을 속속들이 알고 있어서 잘해낼 자신이 있었습니다. 솔직히 내가 책을 썼다면 조의 책만큼 팔렸을지는 알 수 없어요. 내 책은 아마 더 균형 잡힌 저널리즘에 부합한 책으로 꼭 어떤 결론을 내리려고 하지 않았을 텐데, 아마 마지막에 가서는 결론을 내야 했겠죠. 그건 피할 수 없었겠죠."

"맥도널드의 살해 동기를 설명할 가설이 있습니까?"

"딱히 '이거다.' 하고 집어 말할 순 없지만, 제프리가 한 말과 내가 아는 것과 조가 아는 것을 통틀어볼 때 제프리가 죽고 나면 그의 성기는 스미소니언 박물관으로 가야 마땅합니다. 무슨 말이냐면, 이 사람은 성욕이 지극히 왕성했고 성생활이 극도로 문란했는데, 콜레트가 이 사실을 알았는지는 확실하지 않습니다."
키일러는 계속해서 맥기니스가 롱 아일랜드에 살았던 맥도널드의 어린 시절을 더 소상하게 조사하지 않은 것을 비판했다. 키일러는 거기에 맥도널드의 숨겨진 과거가 발견되기를 기다리고 있다고 믿었다. "거기서 몇 달씩 탐문 조사를 했어야 합니다." 키일러가 말했다. "내게는 그럴 기회가 없었습니다. 올버니의 뉴스데이 본부에서 하루에 18시간씩 일했고, 원고 작업은 주말에만 할 수 있었으니까요. 솔직히 말해서 나는 조가 책을 쓴답시고 4년 동안이나 대체 뭘 했는지 모르겠습니다. 기자라면 실제로 취재를 해야죠. 밖에 나가서 사람들을 직접 만나고, 정보를 얻고, 사실 관계를 추적해야죠. 수십 명을 만나고 탐문해야 합니다." 키일러는 잠시 멈췄다가 말했다. "내 이야기가 못 먹는 감 찔러나 보자는 식의 험담으로 들리지 않았으면 좋겠습니다. 조가 기자로서 했던 작업과 도덕적 선택을 내가 나쁘게 말하는 건 단지 조가 책을 냈고 나는 못 냈기 때문이 아니라는 겁니다. 사실 나는 이번 일이 그저 얼떨떨합니다. 나한테 잘 맞는 일이고 돈도 좀 벌 기회가 있었는데, 모든 게 잘 풀리지 않았죠. 하지만 별로 놀라지도 않았습니다. 잘 풀리지 않으리라는 직감 같은 게 일찌감치 들었거든요."

작별 인사를 하면서 키일러는 도움이 되려는 마음을 주체하지 못하고 1983년 9월 11일 자 『뉴스데이』에 실린 「죄수와 작가」

라는 기사를 쓸 때 맥도널드, 맥기니스를 비롯한 여러 사람과 인터뷰한 내용이 담긴 녹취록을 묶어둔 커다란 파란색 바인더를 내게 넘겨줬다. 녹취록은 체계적으로 정리됐고, 주제별로 제목을 붙여놓았으며,('제프의 어린 시절', '조의 기자 활동', '조의 소송' 등) 맨 앞에 키일러가 준비한 질문 목록과 기사 개요가 있었다. 나는 집에 가서 녹취록을 대강 훑어보고는 치워버렸다. 내가 요청하지 않은 자료가 내 손에 있다는 사실이 거의 불법처럼 느껴졌기 때문이다. 키일러의 인터뷰를 읽는 것은 남의 대화를 엿듣는 것과 같고, 거기서 정보를 얻는 것은 도둑질이나 마찬가지였다. 엿듣거나 훔치는 행위에 대한 우려보다 더 근본적인 문제는 그것이 마치 내 자존심에 대한 모욕처럼 느껴졌다는 것이다. 결국, 인터뷰는 그것을 주도하는 기자의 능력을 반영하는데, 키일러가 준비한 질문들과 신문 기자다운 직설적인 접근으로는 내가 끌어내려는 수준의 진실한 대답을 얻을 수 없다고 생각했다. 그러나 마침내 키일러의 녹취록을 읽었을 때 나는 크게 놀랐다. 내 생각이 틀렸다는 것을 알았고, 거기서 어떤 깨달음을 얻었다. 맥도널드와 맥기니스는 내게 말한 내용을 섬세함과는 거리가 먼 키일러에게도 토씨 하나 다르지 않게 그대로 말했던 것이다. 키일러는 미리 준비한 목록에 따라 질문을 던졌고 나는 즉흥적으로 질문을 던졌는데, 결과는 조금도 다르지 않았다. 내가 키일러의 파란색 바인더에서 알게 된 '인터뷰 대상의 진실'은 정신분석가들이 말하는 '환자의 진실'과 비슷했다. 그들은 자기 이야기를 들어주는 사람의 행동이나 성격과 상관없이 자기 이야기를 할 뿐이다. 정신분석가를 다른 정신분석가로 대체해도 아무 문제 없듯이 기자도 마찬가지다. 내 맥기니스와 키일러의 맥기니스는 같은 사람이었고, 내 맥도널드와 키일러의 맥도널드와 맥기니스의 맥도널드도 같은 사람이었다. 정신분석 치료를 받는 환자와 마찬가지로 인터뷰 대상은 작가와의 관계를 압도하고 주도한다. 정신분석가가 환자를 창조할 수 없듯이 기자도 인터뷰 대상을 창조하지 못한다. 맥도널드 대 맥기니스 소송 합의가 끝난 지 몇 주 뒤에 이번 승리에 도취한 맥도널드는 옥외 연락책인 자원봉사자 게일 보이스가 배포하는 『맥도널드 변호인단 새소식』이라는 부정기 소식지에 자기편 사람들에게 보내는 글을 썼다. 이 글에서 그는 맥기니스가 묘사한 자기 모습 중에서 가장 격렬하게 부정했던 '조건 반사에 능한 가짜 인간' 같은 모습을 확연히 드러냈다. 다음은 그 글의 일부다.

> 이 재판은 모든 중립적 관찰자에게 『치명적 환영』이 논픽션의 탈을 쓴 픽션임을 입증했습니다. (…) 우리가 그의 거짓말을 밝혀내고 연방법원 재판 기록의 형태로 진실을 알렸으므로, 그리고 그가 절박하게 합의금을 제시하여 우리가 그것을 받아들였으므로, 나는 승리를 받아들이고 이쯤 해두는 것이 적절하다고 생각합니다. (…)
> 맥기니스의 책에 담긴 추악한 거짓들을 집중해서 파헤치는 것

도 그렇고, 큰돈을 주고 증인들에게 황당한 진술을 끌어내어 자기 행동을 정당화하려는 한심한 시도를 지켜보는 것도 끔찍한 일이었습니다. 나는 이제 더 긍정적이고 의미 있는 활동을 하는 것이 좋겠다고 판단했습니다. 내 가족과 이번 소송에서 나를 도와준 변호인단 모든 분이 내 판단에 동의했습니다. 이제 범죄 수사와 최종 승리를 위한 법적 절차에 전념할 때가 됐습니다.

맥도널드와 대화하고 서신을 교환하면서 나는 그에게도 사람의 마음을 끄는 매력이 있음을 점차 알게 됐다. 이를테면 그에게는 '독방 감금'이라는 가혹한 상황을 태연자약하게 견뎌내는 강인함이 있었다. 나는 또한 장애인의 장애를 있는 그대로 받아들이듯이 그의 말과 글의 지루함을 받아들이게 됐다. 하지만 『치명적 환영』에 등장한 맥도널드 역시 변함없이 제자리에 버티고 있었다. 맥기니스는 그를 배신했고, 비탄에 빠뜨렸고, 잘못 판단했을 수도 있지만, 그를 새로 창조하지는 않았다.

합의가 끝난 지 일주일 뒤, 나는 맨해튼 한가운데 있는 대니얼 콘스타인의 사무실에 들어갔다. 콘스타인은 말했다. "내 메시지 못 받았습니까? 약속 취소했는데요." 나는 그를 천진한 표정으로 바라보았다. 이틀 전에 그는 나와 만나기로 했다가 곧바로 후회하고 내 자동응답기에 약속을 취소한다는 메시지를 남겼다. 기자 본연의 임무는 취재라는 키일러의 가르침에 따라 나는 메시지를 무시하고 원래 약속했던 시각에 콘스타인의 사무실에 갔다. 콘스타인은 피곤한 얼굴로 나를 맞이하고는 즉시 선언했다. "맥기니스와 나는 이 소송에 관해 이야기하거나 협력하지 않을 겁니다." 그는 키가 작고 검은 머리에 신경질적으로 보이는 젊은 남자였다.

"변호사님이 편지를 보내셨죠." 내가 말했다.

"그 편지를 쓸 때 우리는 이제 새로운 원칙이 적용된다는 걸 언론에 경고하고 사람들한테 알리려고 했죠." 콘스타인이 말했다. "우리한테 이 소송은 이제 끝났습니다. 우리가 말하고 싶은 내용은 전부 재판 기록에 들어 있어요. 특히 맥도널드 반대신문과 내 최종변론을 보세요. 그게 이 재판의 핵심적인 내용입니다. 우리는 공적 기록이 모든 걸 대변한다고 봅니다. 내가 소송을 심리하는 장소는 법정입니다."

"그럼, 그 편지는 왜 보낸거죠?" 내가 말했다.

콘스타인은 무기력하게 손짓하며 말했다. "죄송합니다. 그 질문에는 대답할 수 없군요." 그는 말을 계속했다. "담당 판사는 이 소송이 미국 헌법 수정조항 제1조와 관련해서 암시하는 바를 파악하지 못했습니다. 미처 깨닫지 못한 거죠. 그는 1984년에 임명된 연방법원 신임 판사였습니다. 전직 프로 야구선수로, 시카고 컵스가 관심을 보였다고 하더군요."

내가 재판 관련 질문을 하자 콘스타인은 다시 "죄송합니다. 답할 수 없습니다."라고 말했다. 그리고 덧붙였다. "지난 재판은 잊어버리기로 했습니다."

"내가 재판에 관해 글을 쓰지 말았으면 좋겠습니까?" 내가 물었다.

"나는 누가 뭔가에 관해 글을 쓰지 말았으면 좋겠다고 말할 생각이 전혀 없습니다." 콘스타인이 정색하고 말했다.

나는 콘스타인에게 그의 사무실에 재판 관련 문서를 읽어도 된다는 제안이 아직 유효한지 물었다. 그것은 맥기니스가 나와 연락을 끊기 전에 받은 제안이었다. "나한테 그건 단지 편의의 문제입니다." 내가 말했다. "변호사님 사무실은 내가 사는 곳에서 몇 블록 떨어진 곳에 있고, 보스트윅 씨 사무실은 5천 킬로미터 떨어져 있거든요."

콘스타인은 내 요청을 고려해보고 연락하겠다고 대답했다. 그러더니 갑자기 말했다. "나에 대해 아십니까?"

나는 흥미를 느끼며 그를 응시했다. 거지가 사실은 왕자임이 밝혀지는 반전의 순간이었다.

"내가 바로 바네사 레드그레이브의 변호사입니다." 콘스타인이 말했다. "보스턴 교향악단에 제기한 소송에서 내가 레드그레이브를 변호했죠."

이제 갈 시간이었다. "여기 와서 재판 기록을 읽어도 되는지 연락해주시겠어요?" 내가 물었다. "내 전화번호를 드리죠."

"아니, 나한테 있어요." 콘스타인이 책상 위에 있는 종이쪽지들을 들추며 말했다. "그쪽 전화번호가 적힌 종이쪽지가 수십 장 있습니다. 거의 외우고 있죠." 그리고 마침내 씁쓸하게 그러나 희극적으로 내 전화번호를 소리 내어 외웠다. 그는 내게 자기가 쓴 책 두 권(『맹공격 속에서 사고하기: 위대한 법정 변호사와 그들이 미국 역사에 끼친 영향』, 『법률의 음악성』)을 주고 정중하게 문 앞까지 바래다줬다. 그날 이후 나는 그에게서 아무 연락도 받지 못했다.

📝

"성공 보수를 조건으로 맥도널드의 변호를 맡았는지, 보스트윅한테 물어는 봤소?" 내가 산마리노로 전화했을 때 조지프 왐바우는 내게 말했다. "틀림없이 그랬을 거요." 내가 가타부타 대답도 하기도 전에 그는 말을 이었다. "내가 은행을 걸고 장담하건대, 분명히 그랬을 걸? 안 그랬으면 그렇게까지 하지는 않았을 거요. 난 소송을 하도 많이 당해서 보스트윅이든 누구든 다 마찬가지라는 걸 잘 알지. 다 똑같아. 아무리 많은 변호사하고 상의하고, 세상에서 가장 빈틈없고 탄탄한 해명서를 작성해도, 결국 법정에 불려 나간다고. 조금만 상상력 있고 수완 있는 변호사라면 어떤 근거를 대서라도 소송을 제기하지. 변호사는 잃을 게 없으니까. 영국에선 말이오, 의뢰인이 명예훼손 건을 들고 오면 변호사한테도 위험 부담이 있어요. 왜냐면 소송에서 졌을 때 변호사가 소송 비용을 부담해야 하거든. 하지만 이 나라에선 원고 측한테 아무런 위험 부담이 없고 소송이 시작되면 피고만 괴로워. 열심히 번 돈은 밑 빠진 독에 물 붓기처럼 정신없이 빠져나가고. 이런 소송을 쉽게 견뎌내는 사람은 얼마 없소. 맥기니스는 재판에 출두하려고 멀리까지 가서 6주 동안 호텔에서 묵어야 했소. 집에 어린아이가 있고, 이제 막 꾸린 가정이 있고, 대학교수로서 자기 생활이 있고, 책을 쓰는 중이었지만, 재판에 출두하느라 그걸 전부 희생해야 했지. 맥도널드 측은 처음부터 그 금액에 합의했을 거요. 맥기니스는 작가로서 의무를 다하려고 그 합의를 거부했던 거요. 하지만 이 시스템에 짓밟히고 끌려다니면서 이 소송의 본질이 변호사가 성공 보수금을 챙겨가는 것이라는 사실을 알고 나서는 맥기니스도 '원칙은 원칙이지만, 정말 죽겠습니다.' 하고 털어놓더군. 재판이 끝날 무렵 맥기니스를 만나보니 10년은 늙어버린 모습이었소. 내가 장담하는데, 이런 소송에 휘말리면 새벽 3시까지 잠 못 자고 깨어 있을 때가 부지기수요. 난 내 첫 논픽션 『양파밭』 때문에 세 건이나 고소당했소. 그중 한 건 소송에 12년이 걸렸지. 생각해봐요, 12년이면 아이가 자라서 어른이 되는 세월이잖소. 새벽 3시에 깨어 있던 수많은 밤을 상상해보시오. 당시는 요즘과 달라서 출판사들이 들어둔 보험 같은 것도 없었어. 소송 비용을 누가 댔겠나? 출판사와 내가 반씩 댔지. 성공 보수를 쫓아다니는 변호사들은 진드기 떼 같아요. 로스앤젤레스 카운티에만 변호사가 2만 5천 명이라고. 우리 법체계가 영국식으로 바뀌면 로스쿨에서 대량생산된 성공 보수 사냥꾼들은 전부 다른 직업을 찾아야 할 거요. 인디애나에서 알루미늄 건축 자재를 팔거나 텔레비전 홈쇼핑 채널에서 믹서기를 팔거나."

나는 왐바우에게 재판에서 증언할 때 어땠는지 물었다.

"가관이었지. 배심원 몇 사람이 '책에 등장하는 실제 인물한테 거짓말한 적이 있느냐'고 물으면서 계속 그 문제를 물고 늘어졌는데, 난 거짓말한 적이 없소. 하지만 항상 완벽한 진실만을 말한 건 아니었지. 난 경찰로서, 그리고 작가로서 반사회적 인격 장애자나 살인자처럼 끔찍한 인간들을 상대했소. 그럴 때 내가 그 사람들한테 거짓말하진 않더라도 항상 진실만을 말할 리는 절대 없지. 거짓말과 '비진실'의 차이가 뭐냐? 아주 간단해. 거짓말에는 악의나 악감정이 들어 있지만, 비진실에는 그런 게 없어. 졸업 30주년 동창회에 가면 거기 모여 있는 모든 사람이 비진실을 말하고 있잖소. '너 좋아 보인다. 하나도 안 늙었구나!' 뭐 이런 식으로. 내가 경찰이나 작가로서 끔찍한 살인자와 대화하다가 상대가 '작가님도 내가 그 13명의 여자들을 강간할 때 느꼈던 기분에 공감하시죠? 작가님은 내 생각을 이해하고, 작가님이 나였어도 같은 행동을 했겠죠?'라고 물으면 난 이렇게 대응합니다. '물론이지, 찰리. 제기랄, 난 담배도 못 끊고 술도 못 끊는 사람인데, 내가 어떻게 당신을 비난하겠소? 초콜릿 바 하나 더 드시게.' 그 사람이 말을 계속하게 해야 하니까. 하지만 여기에 악의는 없어요. 만약 내가 '찰리, 13건의 강간 사실을 자백하면, 검사 측이 고소를 취하하도록 내가 힘을 써보겠소.'라고 말한다면 그건 불법이고, 악감정과 악의가 포함된 분명한 '거짓말'이오. 내가 배심원들한테 설명했던 건 바로 그런 거요. 자, 배심원들에 대해 말해볼까요? 피고는 법정에서 과연 자기하고 수준이 비슷한 배심원들을 만날까? 조 맥기니스와 수준이 비슷한 사람들로 배심원이 구성될 확률이 높았다면, 보스트윅은 절대로 변호를 맡지 않았을 거요. 조 맥기니스 재판에서 배심원들은 대도시 평균 수준 사람들이었고, 보스트윅은 그렇게 되리란 걸 이미 알고 있었던 거지. 배심원 중에 대학 졸업자는 딱 한 명이었소. 보스트윅은 전단적 기피를 통해 그 사람을 배심원에서 뺐소. 어떤 배심원은 평생토록 책을 딱 한 권 읽었다고 했지. 맥기니스는 법정에서 그 사람들을 보고 식은땀을 흘렸을 거요. 맥기니스와 성장 배경이나 교육 환경이 비슷한 사람은 배심원이 되지 않아. 배심원 거의 전부가 재판이 끝난 뒤에 작가를 이해할 수 없었고, 출판계를 이해할 수 없었고, 버클리와 왐바우가 증언대에서 한 말을 이해할 수 없었고, 거짓말과 비진실의 차이를 이해할 수 없었다고 털어놓았소. 그 사람들은 거짓말과 비진실이 같은 것이고, 명백한 사실이 아닌 것을 말하면 처벌받아야 한다고 말했지. 어떤 여자는 맥기니스가 맥도널드한테 수백만 달러를 배상하게 하고 싶다고 털어놓았대요. 맥기니스와 성장 배경이 비슷한 사람들은 그렇게 반응했을 리가 없어. 맥기니스는 자기와 수준이 비슷한 배심원을 얻지 못했고, 재판을 다시 하더라도 그럴 가능성은 전혀 없소. 그도 알고 있었소. 이런 상황에서 맥기니스가 자기 원칙을 지킨다고, 세상 모든 작가를 위해 그 과정을 다시 견디고 싶겠나? 절대 아니지. 결국, 맥기니스는 말했소. '젠장, 합의합시다.' 난 맥기니스를 조금도 탓하지 않소. 안됐다고 생각하지. 어린아이까지 죽인 사이코패스가 32만 5천 달러를 받아 챙긴 걸 생각하면 역겨워. 역겨워서 토할 것 같아."

"배심원들이 작가님 증언을 강하게 비판했다고 들었습니다." 내가 말했다.

"그럴 만했지. 책을 거의 읽어본 적도 없는 사람들 앞에서 증언했으니까. 그 사람들은 내가 반사회적 살인마를 인터뷰하는 과정에서 구분해야 할 거짓말과 비진실의 차이를 말할 때 중국어를 듣는 거나 마찬가지였을 걸? 난 그 사람들이 내 말을 이해하지 못하리라는 걸 알았기 때문에 그들 반응에 놀라지도 않았소. 반사회적 범죄자와 대화할 때는 전혀 사실이 아닌 말도 하면서 추켜세우고 비위도 맞춰야 해요. 경찰관이든 작가든 그 방법 말고는 진실을 알아내는 데 다른 선택의 여지가 없어. 범죄자들이 우리를 그런 상황으로 몰아넣지. 그들은 그걸 즐긴다고. 상대가 거짓말하고 있다는 걸 확신한 바로 그 순간에 '제 말 믿으시죠?' 하고 물을 때 '안 믿는다.'고 사실대로 말하면 책도, 돈도, 시간도, 경찰 수사도 다 물거품이 돼버려. 그때까지 얻은 모든 걸 잃게 된다고. 그런 상황에서 어떻게 진실을 말하라는 거요?"

"음, 그 문제에 관해서는 각자 자기 원칙을 정해야 할 텐데, 작가님은 그렇게 정하셨군요. 하지만 다른 원칙도 있을 수 있습니다."

"당신 같으면 그런 상황에서 모든 걸 잃는 쪽을 택하겠소?"

"나 혼자만 도덕적인 척하고 말하긴 쉽겠죠. '나라면 이렇게 했을 것이다…'"

"아니, 난 지금 기자 양반이 도덕적인 척하기를 원하는 거요. 도덕성이 대체 무엇인지를 똑바로 직시하자고. 경찰관으로서 난 로스앤젤레스 시민을 위해 사건을 해결할 도덕적 의무가 있었고, 내가 반사회적 범죄자한테 거짓말이 아닌 '비진실'을 말함으로써 로스앤젤레스 시민을 보호할 수 있다면, 그렇게 해야 할 도덕적 의무가 있었다는 사실을 알아줬으면 좋겠소. 작가로서 난 이 재판에서 이 점을 말하려고 했소. '책은 살아 있다. 책에 완전히 몰입한 지경에 이르면, 책은 우리가 아는 사람들과 마찬가지로, 때로 그들보다 더 생생하게 살아 있다. 우리한테는 그것의 생명을 보호하고, 그것이 태어나자마자 죽지 않게 할 도덕적 의무가 있다. 반사회적 범죄자한테 '비진실'을 말해서 그 살아 있는 것을 보호하고, 그것이 태어나게 하는 것, 내 도덕적 의무는 거기에 있다.'"

다음날 왐바우는 내게 전화해서 할 말이 있다고 했다. 전날 대화가 끝날 무렵 그는 내게 '자기가 쓴 책을 살아 있는 것으로 여기지 않느냐'고 집요하게 물었고, 나는 그렇지 않다고 단호하게 대답했다. "그런 말을 하고 나니 내가 좀 우스워진 기분이 들었소." 그가 솔직하게 말했다. "하지만 난 내 생각을 한 번도 의심한 적이 없었어. 모든 작가는 자기 글을 그렇게 여긴다고 늘 생각했지. 글을 쓰다 보면 이야기에 생명력이 생기고 등장인물이 살아나 작가가 거의 개입하지 않아도 책이 저절로 완성된다고, 많은 작가가 고백하지 않았소?"

내가 말했다. "네, 사람들은 소설의 등장인물이 실제 인간보다 더 생생하게 살아 있는 것 같다고 말하기도 합니다. 하지만…"

"그래, 그거야." 왐바우가 내 말을 끊었다. "그리고 작가의 도움 없이 자기 의지대로 살아 움직이지."

"하지만 그건 소설의 경우잖아요. 작가님이나 맥기니스나 내가 쓰는 논픽션에서는 등장인물이 '저절로 살아날' 필요가 없죠. 이미 실제로 살아 있잖습니까?"

"알아요, 알아." 왐바우가 말했다. "하지만 난 소설 문체로 글을 써요. 트루먼 커포티가 '논픽션 소설'이라고 부른 것을 쓴단 말입니다."

나는 맥도널드 대 맥기니스 재판에서 왐바우가 한 증언을 통해 이미 왐바우의 글쓰기 전략을 알고 있었다. 콘스타인의 신문에 왐바우는 이렇게 대답했다.

제가 논픽션을 쓸 때 저는 사건이 일어난 현장에 없었습니다. 저는 드라마 문체로 글을 씁니다. 즉, 대사를 자주 활용하고 감정을 서술하고 사건이 일어났을 법한 상황을 그리면서 사건을 서술합니다. 제가 조사한 자료를 바탕으로 실제로 있었을 법한 대화나 적어도 있을 수 있는 대사를 창작합니다. (…) 그리고 제게 필요한 예술적 자유를 누리기 위해 받을 수 있는 만큼의 법적 면책권을 받습니다.

왐바우는 '책이 살아 있다'는 주제로 돌아갔다. "케케묵은 소리로 들리겠지만 난 글을 쓰기 전부터 책이 살아 있다고 생각했소. 『야성이 부르는 소리』[26]가 살아 있다고 느꼈고, 『모비딕』[27]도 마찬가지였지."

---

26) 미국 소설가 잭 런던(Jack London, 1976-1916)의 소설.
27) 미국 소설가 허먼 멜빌(Herman Melville, 1819-1891)의 소설.

"지루한 책은 어때요? 그런 책도 살아 있나요?"

"아니, 그런 책은 물론 살아 있지 않죠. 하지만 그런 책의 저자도 틀림없이 자기가 뭔가에 생명을 불어넣었다고 생각하면서 무덤으로 갔을 거요. 그리고 다른 사람들은 내가 뭔가에 생명을 줬다고 생각하지 않을 수도 있지만, 어쨌든 난 그랬다고 생각해요. 난 지식인이 아녜요. 직감에서 우러나오는 걸 쓰고, 지금 기자 양반한테도 직감에서 우러나오는 대로 말하고 있소. 내가 법정에서 증언했을 때 보스트윅은 책이 신발짝이나 다름없는 것처럼 보이게 하려고 말재주를 부렸지. 난 첫 책을 썼을 때 돈을 벌겠다는 생각은 하지도 않았다고 말했소. 단지 내가 뭔가를 쓰고, 그걸 출판한다는 게 얼마나 큰 영예인지를 생각했지. 지금도 난 돈 때문에 책을 쓰지 않아요. 돈은 이미 충분히 벌었소. 이젠 돈에 관해 생각조차 하지 않지. 날 파산시키려는 변호사들한테 수임료랍시고 돈을 빼앗길 때 말고는."

"그러니까 작가님은 단지 쓰는 즐거움 때문에 글을 쓰는데, 운 좋게도 우연히 핵심을 건드려서 수백만 독자가 작가님의 책을 사는 거군요."

"그렇지. 어찌 보면 기적이야. 그리고 난 그렇게 운이 좋았던 만큼, 글만 써서는 생계를 유지할 수 없는 다른 작가들을 위해 맥기니스가 그랬던 것처럼 투쟁할 의무가 있소."

1987년 9월 18일 맥기니스는 윌리엄 버클리가 진행하는 텔레비전 토크쇼 「방화선」에 뉴욕 명예훼손 전문 변호사이자 미국 헌법 수정조항 제1조 전문가인 플로이드 에이브럼스(Floyd Abrams)와 함께 출연했다. 녹화된 방송을 몇 달 뒤에 보면서 나는 맥기니스의 변신에 넋을 잃었다. 윌리엄스타운에서 나와 대화한 방어적이고 까칠한 남자, 재판 기록에 등장하는, 자포자기하고 고문당한 오레스테스[28] 같았던 인물이 느긋하고 호탕한 유명 저자가 돼 자신의 인기가 믿기지 않는다는 듯 아이처럼 흥분하고 있었다. 맥기니스가 맥도널드에게 쓴 편지에서 내가 만난 맥기니스가 바로 이런 모습이었다. 그에게는 책에 대해 맥도널드를 속이는 것도 중요했지만, 세속적 성공을 맥도널드에게 자랑하는 것도 매우 중요했던 것이 분명했다. "『뉴욕타임스 북리뷰』는『극단으로 가기』에 대해 대대적인 서평을 신기로 했고, 다음 주 이리로 사람을 보내서 날 인터뷰하겠다고 했어." 맥기니스는 1980년 8월 6일 자 편지에 기뻐하며 그렇게 썼다. "이건 기사 작위를 받는 거나 마찬가지야." 1982년 7월 16일 그는 맥도널드에게 그

---

28) 고대 그리스 신화에서 미케네 왕국의 왕 아가멤논과 왕비 클뤼타임네스트라 사이에서 태어난 아들. 운명의 저주를 받아 아버지를 죽인 어머니를 죽이고 미치광이가 된다.

의 책을 출간할 퍼트넘 출판사(이 시점에는 『치명적 환영』을 출간할 출판사가 바뀌어 있었다) 새 담당 편집자 필리스 그랜에 대한 자랑을 늘어놓았다. 그는 그녀가 "출판계에서 가장 유명하고 성공적인 일류 편집자"라고 했다.(비록 맥기니스는 그녀가 "넬슨 더블데이의 비서로 출판 일을 시작했지."라고 언급해야 할 것 같은 기분이 들었지만) 다섯 달 뒤에 맥기니스는 성공에 도취해서 교도소 안에 있는 맥도널드에게 『치명적 환영』의 판매 회의에 관해 썼다. "책을 소개하는 자리에서 필리스 그랜이 극찬했을 뿐 아니라 마케팅부장, 북클럽과 이차 저작권 담당자, 홍보부장, 사장까지 이 책이 얼마나 특별한지 이야기했고, (…) 영업사원들은 여러 권 신간의 예상 판매 부수에 대해 익명 투표를 했는데 『치명적 환영』이 (이건 비밀일세. 부디 캘리포니아든 어디든 친구들한테 이 편지 복사본을 보내지 말게나!) 1위를 차지했다네."

텔레비전에서 확실히 자기편인 사람들에게 둘러싸인 맥기니스는 저녁 식사 자리에서 친구들한테 아침 출근길에 겪었던 재수없는 일을 들려주듯이 편안하고 능란하게 자기 소송 이야기를 털어놓았다. 맥기니스의 설명을 들은 에이브럼스가 말했다. "내가 보기에 놀라운 사실은 형사재판 배심원들이 극악무도한 짓을 저질렀다고 결론 내린 사람에게 민사재판 배심원들은 큰 관심과 어쩌면 연민을 보이면서 다른 모든 사람과 똑같이 대하려는 의지로 그 사람의 말을 경청했다는 겁니다. 어쩌면 배심원은 그러라고 있는 것이겠지만, 눈앞에 살인자가 있는데도 그렇게 행동하기는 쉽지 않습니다." 대화는 이렇게 계속됐다.

맥기니스　배심원 중 한 사람이 나중에 나한테 말한 것처럼, 우린
　　　　　미결정 심리로 결론 난 다음에 배심원들과 이야기를
　　　　　나눠도 된다고 들었고, 사실은 그러라는 권유를 받았
　　　　　습니다.

버클리　　맥도널드도 그랬나요?

맥기니스　아니요, 그러지 못했습니다. 그의 변호사들은 그럴 수
　　　　　있었지만, 맥도널드는 그전에 다시 수감됐으니까요.
　　　　　재판 때 그는 양복을 입고 수갑을 차지 않은 채 출석했
　　　　　고, 온종일 배심원들과 함께 법정에 있었습니다. 그에
　　　　　겐 그 시간이 휴가 같았겠죠. 좋았을 겁니다. 교도소에
　　　　　서 밖으로 나왔으니까요. 나중에 배심원 한 사람이 내
　　　　　게 말했습니다. "맥기니스 씨, 요지는 여기서 재판받는
　　　　　사람이 맥도널드 씨가 아니라는 겁니다. 당신이 피고
　　　　　예요. 우리가 평결해야 하는 사람은 바로 당신이에요."

　　버클리는 작가가 진실을 말해야 하느냐는 문제로 대화를 끌
고 갔다.

버클리　　에이브럼스 씨께 묻겠습니다. (맥기니스 씨가) 모든 면
　　　　　에서 진실하게 이렇게 말했다고 가정해봅시다. '나는

1975년 4월 1일에 맥도널드가 유죄임을 확실히 알았지만, 2년 동안 내가 그를 결백하다고 생각한다고 그가 믿도록 내버려뒀습니다.' 이게 원고 측에게 사실인정 근거가 될 수 있었을까요?

에이브럼스 제 생각엔 아닙니다. 정말 아니라고 생각해요. 제 말은 이 문제가 한편으로 법이 다뤄야 하는 상황과 다른 한편으로 도덕적 판단을 내릴 수는 있으나 법이 다루도록 규정돼 있지 않은 상황 사이에 어떤 차이가 있는지 미묘하게 의문을 제기한다고 봅니다.

버클리 변호사님은 자주 언론을 접하시죠. 작가, 특히 범죄 수사를 다루는 작가는 인터뷰 대상이 경계심을 풀게 하려는 의도로 그에게 동조하는 인상을 준다고 했던 내 증언이 부정확했습니까? 이게 윤리적으로 혹은 다른 의미에서 변호사님에겐 충격으로 받아들여집니까?

에이브럼스 아니요, 그렇지 않습니다. 하지만 제가 말할 수 있는 건, 저는 배심원을 많이 인터뷰해봤는데, 기자가 사람들에게 사실을 호도하는 어떤 작은 행동도 보통 사람들, 즉 변호사나 기자가 아닌 사람들한테는 지극히 불쾌한 일이라는 겁니다.

맥기니스는 버클리와 에이브럼스에게 미결정 심리에 도달한 과정을 이야기했다. "사흘 동안 논의한 뒤에 배심원들은 절망적인 교착 상태라기보다는 혼란에 빠져 평결을 내리지 못하겠다는 의견을 내놓았습니다. (…) '예, 아니요.'로 표시하는 문항 37개가 적힌 특수한 평결 문서가 있었는데, 배심원들은 재판에서 언급된 내용이 그 문항과 어떻게 관련되는지 이해하지 못한 게 분명했고, 사흘이 지나서 그들은 아무것도 합의하지 못한 채 집으로 돌아가겠다고 했습니다."

배심원들은 미결정 심리에 대해 전혀 다르게 말했다. 로스앤젤레스에서 내가 만난 4명의 배심원은 평결 문서를 이해하는 데에는 무리가 없었지만(6명의 배심원 중에서 2명은 석사 학위가 있었다) '루실 딜런(Luclile Dillon)'이라는 배심원이 논의를 거부하는 바람에 어찌할 바를 몰랐다고 했다. 평결 문서의 첫 번째 문항을 논의하고 투표로 결정했을 때 맥도널드 측이 다섯 표, 맥기니스 측이 한 표(딜런의 표)를 받았다. 그 후로 딜런은 탁자에서 멀리 떨어진 창가에 앉아 책을 읽으며 다른 배심원들과 말을 섞지 않았고, 나머지 사람들은 딜런을 어떻게 해야 할지 논의해야 했다. "우리가 판사한테 루실이 논의를 거부한다고 보고할 때 루실이 맥기니스 편이라고 밝혔던 게 실수였어요." 실라 캠벨이 내게 말했다. "누구 편인지 적지 않고, 그냥 '루실 때문에 문제가 생겼다.'라고만 했으면 배심원을 교체했을 수도 있었거든요." 그 말은 사실이었다. 판사가 보스트윅과 콘스타인에게 딜런 대신 대기하고 있던 후보 배심원을 들여보내자고 제안하자 콘스타인은 자기편으로 알고 있는 배심원 루실을 당연히 포기하지 않았고, 판사는 미결정 심리를 선언할 수밖에 없었다. 문제는 재판 초기에 동물 보호 활동가인 딜런이 배심원 협의실에 동물 보호 관련 문서를 가져와서 다른 배심원들을 설득하다가 실패하면서부터 시작됐다. 딜런은 다수 집단이 수용하기 어려운 별난 아웃사이더가 됐고, 나머지 배심원들은 뜻하지 않게 딜런의 박해자가 돼버렸다. 성가신 소수 집단의 경고를 무시한 다수 집단이 늘 그러듯이 나머지 배심원들은 평결을 논의할 때가 돼서야 이 여자를 멸시한 것이 위험천만한 일이었고, 이제 그녀 앞에서 아무런 힘도 쓸 수 없다는 사실을 뒤늦게 깨달았던 것이다.

나는 1987년 추수감사절에 로스앤젤레스의 내 호텔 방에서 루실 딜런과 오후를 함께 보냈다. 딜런은 침착하고 외모가 고운 60세 여성으로 곱슬머리에 서리가 내리고 있었고, 흰 블라우스 단을 밖으로 빼놓은 바지 아래로 보이는 작은 발에 흰 운동화를 신고 있었다. 듣기 좋은 부드러운 목소리에 목구멍 깊숙이 킥킥대며 웃는 소리가 대단히 매력적이었다. 룸서비스로 아보카도 샐러드와 셔벗을 점심으로 나와 함께 먹으면서 딜런은 법정에서 겪은 일을 이야기했다.

"난 맥기니스 씨가 좋은 사람으로 보였어요." 그녀가 말했다. "금세 알겠더라고요. 왜 선한 인상을 강하게 풍기는 사람이 있잖아요. 맥도널드 씨는? 아무 느낌이 없었어요. 궁금하긴 했지만, 아무 인상도 받지 못했어요. 변호사님들은 좋았어요. 둘 다 진지하고 유능한 것 같았어요. 그분들은 어딘가, 음, 눈이 선해 보였어요. 판사님도 좋은 분 같았죠. 인내심 많고, 친절하고, 예의 바르고, 남을 배려하는 사람."

내가 말했다. "피고 측은 이 소송을 재판까지 가게 했다며 판사를 비판했어요. 그들은 판사가 이게 헌법 수정조항 제1조 관련 소송이라는 걸 이해하지 못했고, 이해했다면 소송을 기각했을 거라고 했어요."

"나도 그렇게 생각해요. 내가 보기에도 표현의 자유를 보장하는 헌법 수정조항 제1조가 재판을 받고 있었어요. 일찍이 알아차렸죠. 누군가가 말하는 걸 다른 누군가가 멈추려고 한다는 걸 알았고, 그게 전혀 마음에 들지 않았어요. 난 헌법을 믿어요."

"언제부터 헌법 수정조항 제1조에 관심 있으셨나요?"

"고등학교 다닐 때 헌법을 읽었는데 정말 좋았어요. 너무나 멋진 글이었고, 그저 아름다웠어요. 헌법은 사람들을 보호해요. 그건 우리를 보호하는 문서고, 우리를 부당하게 괴롭히려면 그 문서를 상대로 싸워야 해요. 워싱턴으로 여행 갔을 때 헌법을 한 부 얻었어요. 시도는 했지만 다 읽진 못했어요. 거의 다 읽었지만 조금 지루해져서 그만뒀죠. 난 헌법을 온전히 신뢰해요. 그런

데 헌법이 제대로 적용되지 않잖아요. 정부도 헌법을 존중하지 않아요. 난 그게 불만이에요. 정부가 헌법에 어긋나는 일을 많이 하잖아요."

"어떤 것 말씀이죠?"

"소득세 같은 거요. 헌법이 제정된 이유 중 하나가 통화 공급을 의회가 통제하도록 하고 그 돈이 은행가들 개인 소유로 넘어가지 않도록 하기 위한 거잖아요. 헌법에서 금지하는데도 1913년 연방 소득세 규정이 발효됐고 이제 사람들은 돈이 별로 없어요. 온갖 것에 세금을 매겨요."

딜런은 두 번째 남편과 이혼하고 19년이 지나 재결합했다고 했다. "경제적인 문제로 그러기로 한 거예요." 그녀가 말했다. "내가 말했죠. '점점 나이 들어가는데, 당신한테 무슨 일이라도 생기면 꼼짝없이 아들 녀석들이 날 돌봐야 하잖아. 그런데 옥스나드엔 일자리가 많지 않아.' 옥스나드는 당시 내가 살던 곳이에요. 이런저런 일을 했죠, 옷감이랑 수공예 재료 파는 가게에서 얼마간 일하고 그랬는데, 그런 데는 오래 다니지 못해요. 그래서 내가 말했죠. '나랑 다시 결혼하는 게 어때? 그러면 내가 당신 사회 보장연금을 받을 수 있고, 무슨 일이 생겨도 애들이 말년에 날 돌보지 않아도 되니까.' 그이는 '생각해볼게.'라고 하더니 그렇게 하자고 했어요. 남편은 자기 삶을 조용히 살고 나도 내 생활이 있어요. 남편 방이랑 내 방이 따로 있고요. 이동 주택에서 같이 살아요. 철저하게 돈 문제로 그러는 거죠. 좀 이상하죠?"

루실 딜런의 이야기를 들으면서 나는 저널리즘을 지배하는 초현실성을 어느 때보다도 예리하게 의식했다. 사람들은 마치 꿈속에 나타난 인물이 뜬금없는 메시지를 전하듯이 기자에게 불쑥 자기만이 알고 있는 이야기를 늘어놓는다. 아무런 맥락도 사전 설명도 없이 전달되는 그 이야기가 얼마나 이상하게 들릴지는 생각하지 않는다. 그때 내 앞에는 다시는 만날 일도 없고, 배심원 제도의 위험성을 상징하는 인물로 내 글에서만 존재할, 흰옷차림의 낯선 여인이 있었다. 그리고 나는 그녀와 함께 추수감사절 만찬을 들고 있었다.

　"콘스타인이 부인을 설득했나요?" 내가 물었다.

　"아, 아뇨, 아무도 날 설득하지 않았어요. 정보가 제공될수록 확신이 점점 강해지기만 했어요. 재판이 진행되면서 나온 모든 이야기가 내가 처음부터 알고 있던 걸 확인해줬어요. 마음을 바꿀 수가 없었죠."

　딜런은 계속해서 나머지 배심원들에 대한 거부감을 털어놓았다. "뭔가 잘못돼가고 있다고 느꼈어요. 궁금했어요. 이 사람들은 모두 맥도널드 지지자일까? 이 방 안에 있는 사람들이 전부 맥도널드 지지자란 말인가? 어떻게 맥도널드한테 이토록 생각 없이 공감할 수 있지? 난 궁금했어요. 앞으로도 계속 궁금할 거예요. 그 사람들은 아주 잘 지냈어요. 마치 오래전부터 아는 사이인 것처럼 서로 호의적이었죠. 계속 웃고, 쉬지 않고 큰 소리로 말하고, 모두 생각이 같았어요, 완전히 하나가 됐죠. 별로 지적이지도 않더군요. 그렇다고 내가 지적이라는 게 아니라, 그 사람들이 지적으로 많이 모자란다는 느낌이 들었어요. 유치하고, 한심하고, 무식했어요. 그런 사람들하고 함께 있으면 기분이 좋지 않아요. 하도 고약하게 굴어서 그 사람들한테서 멀어지려고 복도로 나간 적도 있어요. 몇 년 전에도 배심원을 했는데, 그때도 똑같았어요. 좋은 사람들이 아니었죠. 젊은 청년이 재판받았는데, 모호한 혐의로 그를 교수형에 처할 기세였죠. 그는 교도소로 마리화나를 몰래 반입한 혐의로 기소당했어요. 그런데 배심원이라는 사람들은 어떻게든 그 젊은이를 교도소로 보내려고 했어요. 배심원들은 나이가 좀 있는 사람들이었는데, 심성이 바르지 않았죠. 확실하지도 않은 혐의로 젊은이 인생이 망가져도 자기들은 아무렇지도 않았죠. 난 그런 평결에 동의할 수 없었어요."

"그때도 불일치 배심이었나요?"

"네, 그때도 불일치 배심이었죠."

맥기니스는 책 출간일이 멀지 않았을 때 맥도널드에게 보낸 편지에서 그날 오전에 쓴 원고를 인용했다.(비록 "이걸 보여줌으로써 내가 세운 원칙을 스스로 위반하고 있지만") 그는 그 대목이 맥도널드가 읽어도 안전하다고 생각했던 것이 틀림없다. 그 대목은 형사재판 판사가 맥도널드 측 대표 변호인이었던 버나드 시걸에게 보인 태도를 언급하고 있었다.

듀프리 판사는 별나게 표정이 풍부하고 변화무쌍한 사람이었고, 재판 초기부터 버나드 시걸이 반대신문할 때마다 판사의 얼굴에 가장 자주 떠오른 표현은 혐오였다. 블랙번[29]이 주신문하는 동안에는 확실히 눈도 초롱초롱하고 주의를 집중해서 때로 기록도 했는데, 시걸이 원고 측 증인을 공격적으로 신문할 때는 몸을 뒤로 젖혀 등받이에 몸을 기대고 눈을 감은 채 짜증 난 듯 얼굴을 찡그리거나 머리가 아프다는 듯이 관자놀이를 문질렀다.

샌프란시스코에서 변호사로 일하면서 골든게이트 로스쿨 교수로 있는 시걸을 만났을 때 나는 바로 이 대목을 떠올렸다. 시걸은 통통하고 곱슬머리가 희끗희끗한 60세 남성으로 특히 입심이 좋았다. 그에게선 진지하고 품위 있는 분위기와 그런 분위기를 대번에 뒤집어놓으려는 엉뚱한 힘이 끝없이 힘겨루기를 하고 있는 듯한 긴장감이 느껴졌다. 그가 말했다. "애초에 작가를 개입시키자고 했던 건 나였어요. 다 때려치우고 변호사가 되

---

29) 맥도널드 살인 사건 형사재판의 대표 검사.

기 전에 얼마간 기자로 일했던 나는 재판 내부인 시각으로 재판에 대해 쓴 책이 많지 않다고 생각했고, 게다가 이건 특별한 의뢰인의 특별한 재판이라 생각했죠. 변호사가 형사재판에서 의뢰인 때문에 곤란해지는 일은 비일비재해요. 꼭 의뢰인이 유죄라서 그런 게 아니라 일반적으로 누군가가 형사재판에 연루되는 데에는 다 그럴 만한 이유가 있기 때문이에요. 보통 어딘가이상하게 행동하는 사람이 쉽게 혐의를 받는 법이거든. 그래서 변호사는 대개 이렇게 생각하죠. '맙소사, 기자가 얼쩡거리다가 의뢰인의 저런 모습을 봐서는 안 되는데… 우리 쪽에 들어오게 해선 절대 안 돼.' 제프 맥도널드는 의뢰인으로서 그리고 인간으로서 수백만 명 중에 한 명 있을까 말까 한 사람이었죠. 내 생각은 이랬어요. '이 사람은 분명히 독자가 동일시할 만한 사람이다.' 제프 맥도널드는 평균적인 형사재판 피고인처럼 보이지 않고, 실제로도 형사재판 피고인 같지 않아요. 친절하고, 따뜻하고, 남을 배려하는 점잖은 사람인데 법의 악몽에 휘말린 거죠. 내게 그는 미국의 드레퓌스였어요. 아버지는 어린 시절 내게 드레퓌스 사건에 관한 책을 읽게 했죠. 에밀 졸라의 이야기를 다룬 폴무니 주연의 영화도 보여줬어요. 나는 머릿속에서 그 이야기를 수백 번 재생했죠."

시걸은 이어서 정신의학적 증거를 재판에 제출하지 못하게 한 듀프리 판사의 결정이 억울했다고 말했다. 피고 측은 살인 사건 직후와 형사재판 기간에 맥도널드를 진찰한 정신과 의사 여러 명이 맥도널드가 정신적으로 건강하며 그 범죄를 저질렀을 가능성이 없다고 진단한 증언을 제시할 계획을 세우고 있었다. 마이클 말리는 나중에 맥기니스 재판에서 맥도널드 형사재판에 대해 이렇게 진술했다. "검사 측은 '이 사람이 살인했다는 사실을 입증하면, 그가 왜 그랬는지 또는 그럴 만한 사람인지 입증할 필요가 없습니다.'라고 선언했습니다. 우리는 그게 배심원들한테 제시하기에 턱없이 허술한 논리라고 생각했고, 판사가 허락한다면 제프 맥도널드가 어떤 사람인지를 알리고, 그가 그런 짓을 저지를 사람이 아니라는 사실을 입증하는 데 시간을 투자하기로 했습니다." 그런데 이 시점에서 일어나지 말아야 할 일이 일어났다. 맥기니스 재판은 맥도널드의 살인 혐의를 다시 재판하는 자리가 아니었지만, 마치 맥도널드 살인 사건을 다루는 것처럼 재판이 흘러갔던 것이다. 보스트윅은 맥기니스가 쓴 책의 공정성을 시험대에 올리는 과정에서(그는 시걸의 "핵심적 진실성" 구절을 이용하여 자신의 변론을 어설프게 정당화했다) 형사재판의 공정성에 의문을 제기하는 데도 성공했다. 보스트윅은 말리, 시걸, 맥도널드를 신문할 때, 형사재판에서 듀프리 판사가 정신과 의사의 증언을 금지하기까지 벌어진 상황을 철저하게 물고 늘어졌다. 판사는 처음에 피고 측 정신과 의사의 증언 채택을 고려했는데, 여기에 원고 측 정신과 의사도 맥도널드를 진찰한다는 조건을 달았다. 맥도널드는 망설이면서도 상대편 정신과 의사인 뉴욕 출신 제임스 브루셀의 진찰을 받기로 했다. 브루셀은 뉴저지 주

웨스트오렌지 출신의 임상심리학자 허쉬 실버먼을 대동하고 롤리로 왔다. 정신감정은 1979년 8월 13일 저녁 어느 변호사 사무실에서 진행됐고, 시걸은 정신감정 직후에 브루셀을 만났던, 황당했던 순간에 대해 증언했다.

브루셀 씨는 대기실에 서 있었습니다. 정장을 입고 모자를 쓰고 있었습니다. 제가 안으로 들어가서 "아, 빨리 끝나서 다행입니다."라는 식으로 인사치레를 하자, 그분이 제게 물었습니다. "내 모자 어딨지?" 저는 할 말을 잃었습니다. 농담인 줄 알았습니다. 하지만 그분은 연세가 팔순에 가까웠고, 그것이 농담이 아니란 걸 알게 됐습니다. 다들 놀란 표정이었고, 그분이 모자를 찾으려고 사방을 둘러보기 시작할 때 마침내 누군가가 말했습니다. "의사 선생님, 모자를 머리에 쓰고 계십니다." 그러자 그가 말했습니다. "아, 그래요." 그러고는 말을 이었습니다. "내가 어디 있나? 여기가 어디지?" 우린 다시 할 말을 잃었습니다… 그리고 마침내 누군가가 말했습니다. "선생님, 여기는 노스캐롤라이나 주 롤리입니다." 그러자 그분은 "아, 그래, 물론이지."라고 말했습니다.

판사는 브루셀과 실버먼의 정신감정 보고서를 받고 나서 양측 정신과 의사의 증언을 채택하지 않기로 했다. "정신과 의사끼리 대립하여 싸우는 것은 단지 소송 기간만 늘리는 경향이 있고,

뭔가를 입증하더라도 기껏해야 문제를 더욱 혼란에 빠뜨릴 뿐입니다." 맥기니스 재판에서 보스트윅은 맥도널드에게 물었다. "판사가 정신과 의사의 증언을 채택하지 않는다고 결정한 것에 대해 피고는 원고에게 뭐라고 말했습니까?" 맥도널드가 대답했다. "맥기니스 씨는 말도 안 된다고 했습니다."

"피고가 그 이유도 말했습니까?"

"네, 맥기니스 씨는 브루셀이 늙어빠지고 무능력한 개자식이기 때문이라고 했습니다."

그러나 『치명적 환영』을 쓸 때 맥기니스는 어떻게든 맥도널드를 사이코패스로 묘사하는 근거를 대려고 마치 패러디 문학 작품처럼 읽히는 브루셀-실버먼 보고서를 길게 인용했다. 예를 들자면 이런 식이다. "피고인은 깊이 있는 감정적 반응을 보이지 못하고, 게다가 경험을 통해 배우는 능력도 없는 것으로 보인다. 피고인은 아무렇지도 않게 반사회적 행동을 저지르는 인간이다." "정신 건강과 인격적 기능 측면에서 피고인은 과대망상적 자부심과 자신이 박해당한다는 피해망상의 특징을 보이는, 명백한 혹은 억압된 성도착자다. 피고인은 엉뚱한 일에 집착하고 현실을 직시할 능력도 없다."

맥도널드와 그의 변호사들은 한참 뒤에 알게 됐지만, 정보공개법에 따라 밝혀진 바에 따르면 닥터 브루셀은 은퇴 직전의 쇠락한 노인이 아니었다. 그는 법의학 분야에서 일한 정신과 의사로 1971년 맥도널드에 대한 검찰 수사를 도왔고, 맥도널드가 언쟁 끝에 아내 콜레트를 죽였고, 그 장면을 목격한 아이들도 죽였다는 가설을 주장한 사람이었다. "검사 측은 중립적으로 정신감정을 해야 하는 정신과 의사로 그런 사람을 골랐어요. 우리를 감쪽같이 속인 거였죠." 시걸이 말했다. "판사는 기세등등하게 우리를 한통속으로 몰았죠. 변호사 생활 27년 동안 이런 재판은 본적이 없어요. 제프가 유죄일 수는 있겠지만, 가혹하고 불공정한 재판은 법체계를 위반했고, 이는 모든 사람의 안전이 위태롭다는 뜻이에요. 유죄일 수도 있다고 말은 하지만, 1970년 2월 17일에 현장에 없었던 모든 사람이 알 수 있듯이 나도 맥도널드가 가족을 죽이지 않았다는 걸 압니다."

1988년 2월 나는 터미널 아일랜드 교도소에 수감된 맥도널드를 두 번째로 방문했다. 그는 소송에서 맥기니스와 합의한 뒤에 애리조나 주에 있는 예전 교도소로 돌아갈 예정이었으나, 롱비치 부근에 사는 병든 어머니와 가까이 있을 수 있도록 터미널 아일랜드 교도소에 머무르게 해달라고 공식적으로 요청했다. 이 요청은 계속 독방에서 지낸다는 조건으로 수락됐고, 그도 그 조건을 받아들였다. 우리는 지난번과 같은 면회실에서 만났고, 그는 그때와 같은 수갑 풀기 의례를 거쳤다. 나는 맥기니스가 맥도널드에게 보낸 편지 중에서 강한 인상을 남긴 편지 한 통에 관해 질문했다. 그 편지의 내용도 흥미로웠지만 맥도널드가 편지에 남긴 흔적이 인상 깊었다. 맥도널드는 7쪽짜리 편지 각 장마다 거칠게 펜을 놀려서, 말하자면 편지를 파괴했다. 마치 무방비 상태의 단어들을 후려갈기듯이 편지 문장 전체를 박박 줄을 그어 지웠다. 그 편지를 처음 봤을 때 나는 거기에 지독한 분노와 증오와 악의가 서려 있음을 감지했다. 그것은 지금까지도 내가 유일하게 목격한 맥도널드의 기이하고 충격적인 면모, 즉 '비정상적인' 징후였다.

맥도널드는 녹음기를 켜고 맥기니스의 질문에 대답하는 과정에서 편지에 그렇게 줄을 그었다고 말했다. "그런 대답을 녹음해야 한다는 사실이 너무도 화가 나서 질문에 대답할 때마다 펜으로 그렇게 지웠습니다. 난 녹음하면서 생각했습니다. '자, 이 자식아! 네가 달라고 애원했으니, 그래, 이렇게 주겠어, 이 이야기는 너와 나 사이에만 오가고, 다른 사람들한테는 비밀에 부칠 것을 네가 보장한다고 했으니까.'"

이 편지에서 맥기니스는 여느 때보다 집요하게 맥도널드의 결혼 생활에 대해 캐물음으로써 이해하기 어려운 맥도널드의 단조로움을 깨보려고 했다. 맥기니스는 나중에 보스트윅의 신문을 받으면서 이 편지에 관해 증언했다. "저는 맥도널드가 판에 박힌 말을 기계처럼 하지 않고 진짜 인간답게 말하도록 유도했던 겁니다. (…) 그때까지 맥도널드가 제게 말한 내용은 너무도 피상적이었고 진실한 감정적 깊이가 없어서 저는 그게 전부가 아닐 거라고 느꼈습니다. 뭔가 더 있는 게 틀림없다고, 그가 내보이지 않은 것들이 있는 게 틀림없다고 생각했던 거죠." 그래서 맥기니스도 우리가 불가사의하고 고집 센 '타자'와 맞부닥쳤을 때 흔히 저지르는 실수를 저질렀다. 수수께끼를 풀기 위해 본인의 경험을 끌어온 것이다. 그는 맥도널드에게 이렇게 썼다.

자네가 낙천적이고, 불행한 기억을 차단하는 편이란 걸 나도 잘 알지만, 제프, 털어놓고 얘기해보게. 너무 이른 나이에 결혼하는 건 누구에게나 쉬운 일이 아니지. 나한테도 전혀 쉽지 않았어. 나는 스물한 살에 결혼해서 이듬해에 첫아이가 태어나고 1년 반 뒤에 둘째가 태어나고, 아내가 세 번째 아이를 임신했을 때 그만 다른 여자와 사랑에 빠졌다네. (…)
이런 경험을 했기 때문에 자네도 비슷한 경험을 했을 가능성이 있다는 걸 누구보다도 내가 잘 이해하리라 믿네. (…) 자네가 적어도 나만큼은 바람둥이였다는 걸 입증하는 불륜의 증거도 이미 많이 알려졌잖은가?

하지만 맥도널드는 맥기니스가 던진 미끼를 덥석 물지는 않았다. 그는 자기도 맥기니스처럼 할 수 없이 아내로 맞이한 지겨운 여자를 배신한 똑같은 부류의 인간이라는 주장에 동의하지 않았다. 앞서 말했듯이 대부분 사람은 기자가 쓰는 책에 적합한 인물이 아니다. 맥도널드는 스스로 소설화하는 특별한 소수가 아니라 가망 없는 다수에 속했다. 맥기니스가 맥도널드를 "진짜 인간답게 말하도록" 유도하려고 했다는 말은 맥도널드가 소설 속 인물처럼 말하기를 원했다는 의미일 수밖에 없다. 맥도널드의 현실을 무효화하고, 그를 문학적 인물로 창조하는 데 협조를 구할 목적으로 쓴 맥기니스의 편지는 문학작품 속 인물과 현실 속 인간 사이의 근본적 차이점 하나를 드러낸다. 문학작품 속의 인물은 현실의 인간보다 포괄적이고 관념적으로 묘사되고, 단순하고 일반적(혹은 앞서 말했듯이 '신화적')이지만, 그 초자연적인 생생함은 명백한 불변성과 일관성에서 나온다. 반면에 현실 속 인간은 소설 속 인물보다 훨씬 더 복잡하고, 모호하고, 예측 불가능하고, 까다로워서 상대적으로 덜 흥미로워 보인다. 정신분석 치료는 신경증 환자가 어딘가에서 잃어버린 '흥미롭지 않을 자유'를 환자에게 돌려주려고 노력한다. 다시 말해 환자가 스스로 자기 존재를 문학적으로 구축한 구조를 허물고 환자가 사로잡힌 정교하고 예술적인 양식을 파괴하는 것이다. 정신분석 행위가 환자를 하나의 소설에서 다른 소설로, 예를 들어 고딕 낭만주의 소설에서 가족을 배경으로 한 희극으로 옮겨 가게 한다고 생각하는 사람(일부 정신분석가도 포함한다)도 있다. 하지만 정신분석가에게 치료를 받아본 사람들은 대부분 그렇지 않다는 사실을, 프로이트의 작업이 그보다 훨씬 더 과격하다는 사실을 안다. 정신분석을 받는 환자들은 종종 치료 때문에 미쳐버릴 것 같다고 말한다. 정신분석 치료가 환자의 삶에서 소설화된 모든 것을 원래대로 되돌리고, 프로이트의 무의식에 해당하는, 중재되지 않은 개성과 독특함의 심연을 엿보게 하기 때문이다.

맥도널드는 계속해서 맥기니스의 편지에 관해 이야기했다. "내가 여자랑 단둘이 있을 때 무슨 짓을 하는지 대체 왜 알아야 하느냐고 묻자 맥기니스는 계속 '배경지식'으로 필요하다고 했습니다. 그래서 내가 그에게 전화해서 말했습니다. '조, 이건 말도 안 돼. 아무 의미가 없잖아. 이게 사건이랑 무슨 관계가 있지?' 그러자 그는 이렇게 말했습니다. '관계없지. 하지만 내가 알아야 한다는 데 의미가 있어. 난 작가야. 모든 걸 알아야 한다고. 자네 땀 냄새도 알아야 해. 콜레트와 사랑을 어떻게 나눴는지 알고 싶어. 그런 다음에 내가 무엇을 어떻게 글로 쓸지 선택할 거야. 작가로서 내가 이 모든 배경지식을 갖춰야 교도소에 갇힌 점잖은 남자 제프 맥도널드의 진실을 쓸 수 있다고.' 솔직히 그런 주장엔 일리가 있었습니다. 난 맥기니스가 하는 말을 이해했다고 생각했습니다. 결국, 파국에 이르렀지만, 조를 믿는 쪽으로 결단을 내렸죠. 그렇습니다, 내가 완전히 잘못 짚었던 거죠. 조는 나한테서 그런 사실들을 알아내고, 그것들을 이용해서 책에서 이렇게 말했죠. '냉담하고 피상적이고 맹목적 애국주의자인 이 고약한 인간은 자기가 사랑한다는 여자에 대해 이런 식으로 말한다.' 하지만 맥기니스가 책에서 묘사한 나는 내가 아닙니다. 내 생활방식은 그렇지 않습니다."

"그런데 그런 지극히 사적인 이야기들까지 맥기니스한테 '해야만' 했나요?" 내가 물었다.

"그건 그랬습니다." 맥도널드가 말했다. "그 질문에 대답하자면 – 이건 변명조차 되지 못합니다. 내가 그런 것들을 모두 말해줬다는 게 정말 부끄러우니까요 – 조는 이 끔찍한 형사 사건의 진실을 밝히는 책을 쓰고 있다고 했고, 난 어떤 대가든 치를 준비가 돼 있었죠."

면회 때문에 점심을 거른 맥도널드는 말을 계속하면서 내가 교도소 직원 식당 자동판매기에서 사 온 설탕 가루 입힌 작은 도넛을 조금씩 떼어 먹었는데, 그때 나는 다시 한 번 그의 육체적 우아함에 놀랐다. 그는 수의사가 작은 새의 부러진 날개라도 치료하듯이 독특한 방식으로 설탕 가루를 한 알도 흘리지 않고 도넛을 먹는 정교한 솜씨를 보여줬다. 도넛을 다 먹은 다음에 그는 종이 봉투를 깔끔하게 접어놓고『치명적 환영』독자들이 보낸 수백 장의 협박 편지에 관해 이야기했다. "도저히 잊을 수 없는 편지 하나가 있습니다." 맥도널드가 말했다. "난 가끔 새벽에 일어나서 그 편지를 떠올립니다. 어떤 남자가 내게 이렇게 썼습니다. '난 지금 쉐라톤 와이키키 호텔 앞 해변에 앉아 있고, 아내와 함께『치명적 환영』을 다 읽었습니다.' 그러고는 마치 내가 정신병에라도 걸린 괴물인 것처럼 험악한 말을 하더군요. 이런 일을 겪으면 몹시 고통스럽습니다. 이 남자는 아마도 휴가를 떠난 모양인데, 자기 아내랑 해변에 앉아서 교도소에 갇힌 내게 악의와 증오로 가득한 편지를 쓴 겁니다." 나는 보스트윅의 사무실에서 그 편지를 읽었는데, 정말 믿기지 않는 내용이었다. 다음은 편지 내용이다.

1984년 8월 19일

친애하는 재소자 맥도널드에게,

우리 부부는 아름답고 화창한 하와이 날씨를 만끽하며 와이키키 해변에 누워 조 맥기니스가 쓴 소설 『치명적 환영』을 읽었습니다.

우리는 분명히 당신이 처자식을 죽였고, 당신의 유죄를 확신한다는 사실을 꼭 말하고 싶습니다. 사랑스럽고 총명한 두 딸의 부모로서 우리는 그 아이들의 아버지가 당신처럼 '미치광이'가 아님을 신에게 감사합니다.

우리는 당신처럼 병들고 부도덕하고 미친 사람한테 아무 연민도 느끼지 않습니다. 맥기니스가 잘 정리해놓은 이야기를 읽어보면, 당신이 얼마나 황당한 거짓말쟁이인지 분명히 알 수 있습니다.

당신이 임신한 여자한테 한 짓과 같은 악행을 저지른 사람은 누구나 쓰레기지만, 당신이 무방비 상태의 두 어린아이한테 한 짓은 더 병적이고, 이해할 수도 없고, 믿기지도 않는 범죄입니다. 책의 내용을 보면 (내 생각에) 당신은 1991년에 가석방 대상자가 될 수 있더군요. 우리는 그 자격을 심의하는 담당자들이 몇 년 전 당신의 군 동료와 달리 정신을 바짝 차려서 '절대로' 당신을 풀어주지 않기를 신에게 기도할 뿐입니다. 당신은 발기불능의 동성애자라서 여자를 증오하는 잠재적(아니 지금 당신이 갇혀 있는 곳에서는 어쩌면 이제 '잠재적'이 아닐 수도 있겠군요! 지금쯤 거기서 '걸레의 여왕'이 돼 있는 것은 아니지 모르겠습니다) 성향인 것이 분명합니다. 안 그렇습니까?

어쨌든 우리는 이 소설을 재미있게 읽었지만, 당신이 유죄이고, 성도착자라는 사실을 확신하기 때문에 교도소에서 나오면 절대 안 된다는 것을 당신에게 알리고 싶었습니다. 거기서 '기둥서방' 찾는 일에나 열중하고 동성애자로서 당신 본모습을 되찾는 편이 낫겠습니다.

행운을 빌며.

J. H.

내가 말했다. "나는 이 편지를 읽고 몹시 당혹스럽고 혼란스러웠습니다. 이 사람들은 하와이 해변에 누워서 책 속의 등장인물한테 ─ 맥도널드 씨 당신은 그것이 진짜 자기 모습이 아니라고 부정한 책 속의 인물한테 ─ 편지를 썼는데, 당신은 그걸 읽고 괴로워한다는 거죠."

"그래요." 그가 말했다. "이게 바로 맥기니스가 쓴 책이 발휘하는 무서운 영향력입니다. 그 책을 읽은 사람들은 자기들이 날 아주 잘 안다고 생각합니다. 마치 내 머릿속을 들여다보는 것처럼 말이죠. 이게 바로 맥기니스가 날조한 시나리오의 사악함 ─ 다른 표현을 못 찾겠습니다 ─ 입니다. 맥기니스는 그걸 꽤 잘 만들었고 깊이도 있어 보이는데, 문제는 맥기니스가 자기 생각에 맞게 사실을 정리했다는 거죠. 사실에 맞게 자기 생각을 정리한 게 아니라는 겁니다."

나는 맥도널드에게 교도소 생활에 관해 물었고, 그는 그 주제로 20분 동안 이야기했다. 이 사람은 질문을 받으면 지나칠 정도로 진지하게 '대응'한다. 내가 뉴욕으로 돌아간 뒤 8개월 동안 맥기니스가 경험했던 것처럼 나도 맥도널드의 지속적이고 철저한 대답과 반응을 경험했다. 간단한 질문을 가볍게 던져도 맥도널드는 20쪽에 달하는 답변과 엄청난 양의 근거 자료를 보내왔다. 맥도널드는 뭐든 대강 하는 법이 없었다. 맥기니스가 맥도널드의 녹음테이프에 들어 있는 쓸데없는 세부 사항에 질렸듯이 나도 사무실에 산더미처럼 쌓인 문서에 압도당했다. 나는 맥도널드가 보낸 재판 기록, 명령 신청서, 선고서, 선서 진술서, 보고서를 거의 읽지 않았다. 문서가 도착하면 대충 훑어보고 "피 묻은 주사기", "파란 실밥", "좌측 흉부 천자", "미확인 지문", "킴벌리의 소변" 따위 단어들에 질려 그냥 문서 더미에 던져 놓았다. 나는 이런 자료들로 맥도널드의 유죄나 무죄를 판단할 수 없다는 것을 잘 알고 있었다. 그것은 신의 존재나 부재에 대한 증명이나 반증을 한 송이 꽃에서 찾으려는 시도나 다름없었다. 결국, 증거물을 어떻게 해석하느냐에 달린 문제였다. 그를 유죄로 전제하면 그런 시각으로 자료를 읽게 되고, 무죄로 전제하면 또 그렇게 읽게 된다. 자료는 결코 '스스로 말하지' 않는다.

결국, 맥도널드를 어떻게 '해석'하느냐는 문제도 1970년 2월 17일에 그가 범죄를 저질렀다고 보느냐 그렇게 보지 않느냐는 전제에 달렸다. 맥도널드를 살인자라고 전제한 스톤은 그를 눈빛으로 탱크에 구멍을 낼 수 있는 양심 없는 사이코패스로 본다. 마약에 취한 침입자들이 살인을 저질렀다고 믿는 맥도널드의 친구들, 옹호자들은 그를 '품질이 보증된' 인격자라고 말한다. 흥미롭게도 두 가지 시나리오가 모두 현실성이 없다고 생각하면서 양쪽의 의견을 수용하지 않은 사람들은 맥도널드가 무죄일 수도 있다고 생각하는 경향이 있다. 남의 말을 무조건 믿지 않는 것은 우리 본능에 어긋난다. 우리는 서로 믿는 경향이 있다.

맥기니스는 증언을 통해, 처음에는 맥도널드에 대해 온건한 회의를 품는 정도였지만, 형사재판이 진행되면서 배심원들과 판사와 그 자리에 있던 다른 기자들과 마찬가지로 그를 불신하게 됐다고 고백했다. 그는 맥도널드가 언쟁 중에 아내와 큰딸을 죽였고, 신흥종교 집단의 잔인한 학살이 일어난 것으로 꾸미기 위해 냉혈한처럼 둘째 딸도 죽였다는 검사 측 주장을 인정했다. 정부 측이 제시한 정황 증거에 대해 피고 측은 효과적으로 대응하지 못했다. 맥도널드는 자기 증언과 물질적 증거가 일치하지 않는 이유를 제대로 설명하지 못했다.『치명적 환영』에서 맥기니스는 평결을 제출하는 순간에 배심원 여러 명이 울었다고 썼다. 그들은 맥도널드에게 유죄를 선고하고 싶지 않았으나 선택의 여지가 없다고 느꼈다. 배심원 한 명이 생각을 바꾼 결정적인 계기를 맥기니스에게 말해줬다. 그것은 1970년 4월 군 수사관이 맥도널드를 인터뷰한 녹음테이프를 법정에서 재생할 때였다. 맥기니스는 책에 이렇게 썼다. "그 배심원은 나중에 말했다. '그걸 듣기 전에는 그가 유죄라는 의혹이 전혀 들지 않았습니다. 모든 증거가 모호해 보였거든요. 하지만 그의 목소리를 듣고 상황이 돌변했습니다. 모든 걸 완전히 다르게 보게 됐어요. 맥도널드의 목소리가 어딘가 이상했어요. 일종의 망설임이랄까, 어쨌든 진실을 말하는 사람 같지 않았어요. 게다가 막 아내를 그렇게 잃은 사람이 거기 앉아서 부엌 서랍이 지저분하다고 불평하지는 않았을 거라고 생각합니다.'"

평결은 그런 것들에 달렸다. 검사 측은 "증거는 거짓말하지 않습니다."라고 말했지만, 그 증거가 배심원들한테는 "모호해 보였"던 것이다. 내가 맥기니스 재판의 배심원들과 이야기해보니 그들의 판단 또한 피고의 인상에 좌우됐음을 알 수 있었다. 루실 딜런을 제외한 모든 배심원은 맥기니스가 사실대로 말하지 않았다고 '느꼈다'. "재판 내내 나는 계속 '맥기니스는 거짓말하고 있어.'라고 생각했어요." 후보 배심원이었던 재키 베리아가 말했다. 배심원 대표였던 은퇴한 사회복지사 엘리자베스 레인은 이렇게 말했다. "항상 그런 식이더군요. '기억할 수 없습니다', '기억이 안 납니다', '모릅니다'." 그녀가 덧붙였다. "정말 안됐어요. 『치명적 환영』이 아주 좋은 책이라고 생각했거든요. 난 책을 쓴다는 게 얼마나 어려운 일인지, 자료를 얼마나 많이 조사했을지 알아요. 그렇지만 나는 결국 지지하고 싶지 않았던 주장을 택했어요. 맥도널드 씨가 고소할 만한 명분이 있다고 본 거죠. 난 유죄 판결을 받은 살인자들이 책을 팔거나 토크쇼에 출연해서 돈을 벌어서는 안 되고, 돈을 벌어도 그 돈은 희생자한테 가야 한다고 생각해요. 그래서 맥도널드 씨 소송에 타당한 부분이 있다는 것을 인정하는 일이 쉽지 않았죠. 그러다가 그 편지들을 봤어요. 하지만 제일 신경 쓰였던 건 버클리 씨와 왐바우 씨가 증언대에서 작가들은 그런 식으로 행동해도 문제없고 늘 그런다고 말했을 때였어요. 그때 맥기니스 씨는 '네, 제가 그를 구슬렸습니다. 네, 제가 거짓말했습니다. 네, 제가 그를 속였습니다. 왜냐면 출판계에는 그래도 된다는 합의가 있고, 그래야만 할 때가 있기 때문입니다. 저는 책을 써야 했기에 그렇게 했고, 그 책 작업은 제게 가장 중요한 것이었습니다. 따라서 그 목적을 위해 제가 사용한 수단은 정당합니다.'라고 말하지 못했죠. 맥기니스 씨가 맥도널드 씨한테 보내는 편지에 쓴 내용과 맥기니스 씨 자신이 생각하고 믿고 다른 사람들한테 말한 내용이 완전히 다르다는 사실을 분명히 보여주는 증거가 있는데도 모르는 척했던 거죠. 이건 불법은 아니지만 분명히 부도덕했고, 우리한테 나쁜 인상을 줬어요. 특히 맥기니스 씨가 거짓말하려고 했을 때요."

배심원들은 또한 재판이 끝날 무렵 맥도널드의 유죄를 확신했다고 말했다. 내가 왜 그렇게 생각했느냐고 묻자, 그들은 판사의 지시로 『치명적 환영』을 읽고 나서 그렇게 생각할 수밖에 없었다고 했다. 그 책의 진실성을 의심하게 하려던 보스트윅의 시도는 성공하지 못한 듯하다.('책에 쓰였다면 틀림없이 사실이다') 그런데도 배심원들은 콘스타인이 원했던 것과 달리 맥도널드를 연민의 울타리 바깥으로 내몰기를 거부했다.(아마도 맥기니스가 맥도널드에게 살해당한 아내와 아이들을 밋밋하게 묘사했기 때문일 것이다. 독자들은 트루먼 커포티의 『인 콜드 블러드』에 나오는 희생자에게 공감했던 만큼 그들에게 공감하지 못했을 것이다) 오히려 그들은 보스트윅의 수사적 질문에 주의를 기울였다. "유죄 판결을 받았고, 자신이 부당하게 유죄 판결을 받았다고 믿는 사람은 상처받을 수도 없다고 생각하십니까? 그게 당연한 일입니까? 콘스타인 씨가 이 자리에서 맥도널드 씨를 유죄 판결을 받은 살인자라고 부르는 것은 바로 그런 주장이나 다름없습니다."

맥도널드한테는 보통 사람들이 살인자를 말할 때 떠올리는 전형적인 특징이 없었고, 과거를 캐봐도 문란한 여성 편력 말고는 특별히 흉악한 결점도 없었다. 살인자에 관한 책을 준비하던 맥기니스는 마침내 금맥을 발견했다. 맥도널드의 여자 친구 한 명이 그를 배신했던 것이다. 그녀는 맥도널드가 맥기니스에게 만나보라고 했던 여러 사람 중 한 명이었다. 그녀는 맥도널드와 불륜 관계에 있었던 연상의 기혼 여성으로 그녀와 만난 덕분에 맥기니스는 흥미로운 내용을 책에 삽입할 수 있었다.

나는 그해 늦여름, 맥도널드가 헌팅턴 비치에 집을 구하고 나서 얼마 뒤에(군사재판에서 무죄로 풀려난 바로 다음 여름이었다) 어릴 때부터 알던 맥도널드 어머니의 친한 친구가 방문했다는 사실을 알게 됐다. 그녀는 10살짜리 아들을 데려왔다.

몇 주간의 방문 기간에 맥도널드는 어머니의 친구와 정을 통하는 사이가 됐다. 내가 터미널 아일랜드 교도소로 면회하러 갔을 때 맥도널드가 직접 들려준 이야기였다. 한참 뒤에 내가 거기서 멀리 떨어진 곳에서 그 여성을 찾아냈을 때 그녀도 이 이야기가 사실이라고 확인해줬다. 그녀는 맥도널드가 자신과의 성관계 사실을 내게 밝힌 것이 유감스럽다고 했다.

내가 그녀에게 맥도널드와의 관계가 끝난 이유를 물었을 때 나는 두 사람이 상황이 얼마나 부적절한지 깨달아서 불편해졌다거나 여름이 끝나 집으로 돌아갈 때가 돼서 헤어졌다는 등 단순한 대답을 예상했다. 그러나 내 예상과 달리 그녀는 10살짜리 아들에게 일어난 두 가지 사건 때문에 예정보다 빨리 맥도널드의 집을 떠났다고 말했다. 첫 번째는 집 안에서 아이가 말썽을 부리자 화가 난 맥도널드가 아이를 들고 밖으로 나가 물가에서 아이의 발목을 쥐고 아이를 거꾸로 들고 흔들면서 물에 빠뜨리겠다고 위협한 사건이었다. 두 번째 사건은 얼마 뒤에 세 사람이 제프의 배에 타고 바다 한가운데로 나갔을 때 일어났다고 했다. 이번에도 아이가 말썽을 부려 화가 난 맥도널드는 아이를 붙들고 위협적인 말투로 해안으로 돌아가면 아이의 머리를 뱃머리 쪽으로 내밀어 선착장 벽에 부딪히게 해서 으스러뜨리겠다며 겁을 줬다고, 그녀는 회상했다.

마지막으로 나는 아이비리그 대학생이 된 그 아이를 만나 그 사건들을 어떻게 기억하는지 물었다. (…) 그는 첫 번째 사건을 별로 무섭지 않았던 것으로 기억하고 있었다. 조금 험하게 놀다가 도가 지나쳤던 것 같다고 했다. 하지만 배에서 일어났던 두 번째 사건에 관해서는 "그때 느꼈던 공포가 지금도 생생하게 기억납니다."라고 대답했다. 그는 자기가 무슨 짓을 해서 맥도널드를 화나게 했는지는 기억하지 못했으나 그 사건을 이렇게 회상했다. "그 사람은 고함을 지르면서 나한테 달려들었고, 마치 눈에 불이 켜진 것처럼 보였습니다. 정말 너무 무서웠죠. 날 어떻게 하려는지 알 수 없었으니까요. 실제로 그 사람은 움직이는 배 옆으로 날 집어 던져서 물에 빠뜨렸습니다. 나는 그래도 이 정도로 끝나서 다행이라고 안심했던 기억이 납니다. 하지만 절대 잊을 수 없는 나쁜 기억이죠. 그 사람 눈이 어땠는지 잊지 못할 겁니다. 아시겠지만, 어릴 적엔 어른이 됐을 때보다 어떤 면에서 세상사를 있는 그대로 인지하는 면이 있잖아요. 그날 배에서 그런 일이 일어난 뒤로 난 그 사람이 틀림없이 유죄라고 생각했습니다. 그 사람 눈에서 그런 불빛을 본 뒤로, 그 사람 옆에 더는 있고 싶지 않았어요. 너무 겁나서 어머니한테 어서 집에 가자고 졸랐습니다. 그리고 곧바로 집으로 돌아갔죠."

맥기니스의 책에서 이 대목의 위상은 특별하다. 이것은 맥도널드의 살인자다운 분노가 드러난 유일하고 결정적인 사건이다. 마이크 월러스가 텔레비전 프로그램 「60분」에 방영될 인터뷰를 하면서 맥도널드한테 맥기니스의 책을 읽어줄 때 바로 이 대목이 포함됐다. 맥도널드는 서둘러 그 사실을 부정했고("그런 적 없습니다. 거짓말이에요.") 레이 셰들릭을 보내 그 아이와 부모에게 진술 철회를 요구했다. 하지만 철회는 성사되지 않았다. 배에서 분명히 무슨 일인가 일어나서 소년은 당황했고, 그의 어머니는 10년이나 지난 뒤에 기자에게 그 일에 관해 말했다. 그녀는 맥기니스와 만나고 나서 몇 달 뒤에 맥도널드에게 쓴 편지에서 인터뷰가 어땠는지 밝혔다. "맥기니스는 대화하기 불편하지 않았다. 활달하고 솔직한 사람이더구나. 물론 그 사람은 네 헌신적인 팬이고 지지자지만, 책을 쓰느라고 힘들어하는 것 같았단다. 훌륭한 작가들은 작업의 고통을 느끼는 법인가 보구나." 흥미롭게도 소년의 어머니와 맥도널드는 계속해서 호의적으로 편지를 주고받았다. 맥도널드의 분노는 맥기니스만을 향했다. 내가 편지로 맥도널드에게 그 사건에 관해 물었을 때 그는 이렇게 대답했다. "맥기니스가 말하려는 건 이겁니다. '그렇다, 누구도 제프 맥도널드가 폭력적으로 행동하는 걸 보거나 들은 적이 없지만—물론 1970년 2월 17일에 잠깐 그랬던 적은 있지만—가장 유능한 작가인 나, 조 맥기니스는 제프 맥도널드의 잠재적 폭력성이 드러난 또 하나의 순간을 찾아냈다.' 맥기니스는 유다처럼 나와의 우정을 배반한 자기 행동을 정당화하려면 날 나쁘게 묘사해야 했기에 악의를 품고 대수롭지 않았던 상황을 왜곡한 겁니다." 같은 편지에서 맥도널드는 그 소년과 친근하게 놀면서 짓궂게 장난을 쳤던 일을 설명하고("내가 부두 끝에 앉아서 낚시하고 있으면 그 아이는 몰래 내 뒤로 와서 날 밀어서 물에 빠뜨리고는 깔깔 웃으며 도망쳤습니다. 나도 기회를 엿보다가 아이를 물에 빠뜨렸습니다.") 소년이 "거친 장난이나 잘못해서 벌주려 한 것을 오해했거나 잘못 인식"한 것이라며 그 근거로 간주할 수 있는 심리적 동기들을 열거했다. 나는 이미 파란색 바인더에서 밥 키일러가 맥도널드를 인터뷰한 내용을 읽었기에 그가 그 사건을 어떻게 기억하는지 잘 알고 있었다. 그 인터뷰는 마이크 월러스의 방송 녹화 후 2개월 뒤에 있었는데, 맥도널드는 다시 한 번 맥기니스가 폭로한 내용을 맹렬히 부인했다. "그래요, 그 여자하고 난 그런 관계로 발전했습니다." 그가 키일러에게 말했다. "그 여자 남편한테는 정말 미안한 일이었습니다. 하지만 그렇다고 해서 조가 책에 쓴 내용이 정확하다는 건 아닙니다. 그건 완전히 꾸며낸 겁니다. 그런 일은 없었습니다."

키일러는 인터뷰 후에 소년의 어머니에게 전화를 걸어 말했다. "우선, 맥기니스가 책에 쓴 대로 자제분한테 그런 일이 일어났던 것이 사실인지 말씀해주시겠습니까?"

"네, 그랬어요." 소년의 어머니가 대답했다. "첫 번째 일은 장난에 가까웠어요. 하지만 두 번째 일은 저도 기분이 썩 좋지 않았는데, 그때 아들이 그 정도로 겁먹은 줄은 몰랐어요."

"책의 내용을 볼 때 부인께서 맥기니스한테 말씀해주신 걸 정확하게 옮긴 것 같습니까?"

"네. 그 두 가지 일은 분명히 일어났어요. 그렇다고 제프가 살인자라는 뜻도 아니고, 큰일났다고 생각할 정도로 겁이 났던 것도 아니었어요. 그저 남의 집에 머물 때 좀 기분 나쁜 말을 들으면 그렇듯이 여기 너무 오래 있었구나, 집에 갈 때가 됐다 싶었어요. 그것뿐이었는데, 아들은 몹시 불안했던 거죠."

원고 측과 피고 측 변호사는 맥기니스와 맥도널드에 대해 각각 진행한 선서 증언에서 배에서 소년에게 일어났던 사건을 물고 늘어지며 각기 자기편에 유리한 논점을 찾으려고 하다가 결국 양쪽 모두 재판에서 이 문제를 건드리지 않기로 했다. 이 사건은 어떤 일의 진실을 아는 것이 얼마나 어려운지를 보여주는 또하나의 사례다. 수사관들이 맥도널드 살인 사건을 몇 년씩 수사한 것처럼, 누구든지 몇 년씩 그 사건을 조사해도 무슨 일이 '실제로' 일어났는지 명확한 대답을 얻지 못하고 만다. 그런데 이 경우 문제는 누가 범죄를 저질렀느냐가 아니라 범죄가 발생했느냐의 여부다. 정신과 의사 스톤의 활발한 상상력이 법정에서 잠깐 관찰한 남자에게 극악무도한 악한의 이미지를 부여했듯이, 소년의 불안한 상상(소년은 맥도널드가 어린아이를 죽인 혐의로 기소됐던 사실을 알았다)이 별것 아닌 꾸짖음에 살인적 의도를 덧입혔을 수도 있다. 혹은 소년이 실제로 맥도널드에게서 어떤 위험을 감지했을 수도 있다. 맥도널드가 살인을 자백하거나 다른 사람이 살인자로 밝혀지지 않는 한, 배에서 무슨 일이 일어났는지를 판단하는 데에는 조금도 진전이 없을 것이다.

1988년 봄에 나는 맥도널드의 강력한 권유에 따라 마이클 말리와 저녁 식사를 했다. 말리는 맥기니스 재판에서 롤리의 남학생 사교클럽 본부에서 생활하던 시절 맥기니스와 맥도널드의 관계에 대해 증언했다. 명료하고 공평하게 들리도록 증언한 그는 원고 측에 매우 훌륭한 증인이었다. "증인은 두 사람이 하루에 몇 시간씩 함께 있는 것을 목격했습니까?" 보스트윅이 말리에게 물었다.

말리	보통 재판 시작 전 아침에 한 시간, 저녁에 서너 시간 이었습니다. 항상 둘만 있지는 않았지만, 조가 자주 보였습니다. 조는 항상 제프 곁에 있었습니다. 아, 항상은 아니고 대부분 제프 곁에 있었습니다.
보스트윅	피고가 원고와 시간을 너무 많이 보내 걱정됐습니까?
말리	아니요.
보스트윅	다행이라고 생각했습니까?
말리	예.
보스트윅	왜 그랬습니까?
말리	왜냐면 어느 시점이 되자 저는 제프를 연민으로 대하는 유일한 사람이 되고 싶지 않았습니다. 저는 포트 브래그(군사재판)에서 저녁때 자주 – 버니가 없거나 다른 군 소속 변호사 짐 도우섯이 밤에 집에 갔기 때문에 – 두세 시간씩 제프와 함께 있었습니다. 그 덕분에 우리 우정은 돈독해졌지만, 저는 몹시 지치기도 했습니다. 저는 노스캐롤라이나에서 대화 상대가 저밖에 없는 그런 상황을 또다시 겪고 싶지 않았습니다. 그런데 조는 제프와 죽이 잘 맞았죠. 두 사람은 포트브래그에서 제프와 제가 그랬듯이 가까워졌습니다. 그렇게 그들한테는 대화할 사람이 있었고, 저는 일에 집중할 수 있었습니다. 제가 제프한테서 도망가려는 건 아니었지만, 친구가 돼주려고 그곳에 간 것도 아니었습니다.

신문 후반부에 보스트윅은 말리에게 물었다. "증인은 자신이 여전히 원고의 친구라고 생각합니까?"

말리	예.
보스트윅	증인은 자신이 여전히 피고의 친구라고 생각합니까?
말리	지금 말입니까?
보스트윅	예.
말리	그건 대답하기 매우 어려운 질문입니다. 조는 제게 개인적으로 해를 끼친 적이 없으므로, 조가 저를 개인적으로 모욕한 적은 없다고 할 수 있습니다. 하지만 저는 책을 보고 극도로 분노했습니다. 그 책은 우리 우정을 돌이킬 수 없이 해쳤다고 생각합니다.
보스트윅	책의 어떤 면이 증인을, 말하자면, 분노하게 했습니까?
말리	주로 두 가지입니다. 하나는 제프에 대한 묘사로, 저는 조가 제프의 성격을 왜곡했다고 생각합니다. 다른 하나는 제프가 약에 취해 미친 짓을 했다며 서술한 그 동기나 방법인데, 제가 아는 모든 것에 비춰볼 때 그건 사실과 다릅니다. 그건 그저 꾸며낸 이야기일 뿐입니다. 그리고 저는 그게 우리 우정에 심각한, 정말로 심각한 장애를 초래했다고 생각합니다.

말리는 콘스타인의 반대신문에서도 훌륭한 증인이었다.

콘스타인 증인은 변호사입니다. 증인이 하버드 로스쿨에 다닐 때 그곳에서는 여전히 헌법 수정조항 제1조를 가르치고 있지 않았습니까?

말리 지금도 가르치지 않나요? 예, 그때 가르쳤습니다….

콘스타인 증인이 보기에 작가가 책을 쓴 것을 벌하려는 고소인의 시도는 책을 불태우는 행위나 마찬가지 아닙니까?

말리 아니요, 변호사님, 그렇지 않습니다.

말리는 미남형에 몸매가 탄탄하고 턱수염을 기른 47세 남성으로, 미소가 매력적이었다. 반면에 알 수 없는 까다로움과 불안, 불행한 듯한 분위기도 풍겼다. 저녁 식사가 끝날 즈음 말리가 제일 좋아하는 작가로 콘래드를 언급했을 때, 나는 그의 신비로운 체념의 분위기를 보고 말리가 바로 콘래드의 소설 속 인물임을 깨달았다. 말리는 1984년 『프린스턴 동창회 주간 소식지』에 『치명적 환영』을 다룬 탁월한 서평을 실었다. 글에서 말리는 "맥기니스가 어쩌다가 이런 책을 쓸 정도로 제프를 증오하게 됐는지"

의문을 품고 답을 찾으려고 애썼다. 말리의 결론은 이랬다.

결국, 맥기니스가 싫어했던 것은 제프가 중산층의 특징적 가치와 도덕적 모순, 성적 모순, 우정과 재산과 관련된 모순을 생각 없이 수용했다는 사실이다. 맥기니스는 제프가 중산층의 삶을 멋진 삶으로 착각하고 있다고 생각했다. 그것은 맥기니스가 열광한 '주인공'에게 어울리는 삶이 아니라 경멸하고 배신해도 상관없다고 생각하는 삶이었다. 그가 다른 모든 저서에서도 자기한테 삶을 고백한 친구들을 경멸하고 배신했듯이 말이다. 그러나 그는 자기가 하는 일을 고상한 사명으로 여기고 싶었기에, 그리고 거기에 어떤 의미가 있기를 바랐기에 그 더러운 일을 하면서 불안을 감추지 못했다. 결국, 그는 자기 책의 실제 주인공이 아니라 바로 자신이 용서받기를 원했다.

역설적이게도 제프의 사건에 대한 맥기니스의 해결책은 참을 수 없을 정도로 한심하고, 중산층답고, 상투적이다. 거기에는 맥기니스가 혐오하는 모든 특성이 들어 있다. (…) (그것은) 제프가 체중감량제를 한 알 더 삼키고 처자식을 죽였다는 보잘것없는 '발견'으로 귀결된다. 맥기니스의 시각은 중산층답게 에로티시즘이 배제된 포르노다. 이는 마치 『로드 짐』에서 화자 말로우가 주인공 짐의 범죄에 대한 진실을 깨달은 것과 같다. 말로우는 짐의 죄를 예외로 처리하거나 용서할 방법이 없고, 짐이 구석진 해운회사의 사무원으로 여생을 보내는 수밖에 없

다는 사실을 마침내 인정한다.[30]

　말로우가 별이 총총한 열대의 베란다에 서서 짐에 관해 이야기하듯이, 말리는 조명이 흐릿한 식당에서 맥도널드에 관해 이야기했다. 그가 말했다. "정부 측 증거를 꼼꼼이 살펴보고 우리 쪽 증거를 정리해봐도 대체 무슨 일이 일어났는지 명확하지가 않습니다. 제프의 주장을 들어봐도 세부 사항을 전부 알 수는 없습니다. 제프도 그런 사실을 인정합니다. 제프가 사건의 유일한 증인인데 그는 내 눈을 똑바로 보며 말했습니다. '내가 하지 않았어.' 나는 제프를 믿어요. 조가 제프를 믿지 않게 된 것과 마찬가지로 나는 제프를 믿게 됐습니다. 1970년에 나는 제프가 진실을 말한다고 확신했습니다. 당시는 사건이 막 일어났을 때라서 변호사들이 이 사건을 20년간 검토하고, 정리하고, 변론하기 전이었죠. 1970년에 그것은 내게 새로운 사건이었고, 나는 알아야 할 모든 것을 알 수 있는 위치에 있었습니다. 그리고 그 뒤로 새로운 증거는 없었죠. 그때 나는 증거만 가지고는 제프가 범인이라는 사실을 확인할 수 없다고 결론지었습니다. 그렇다고 그 증거들이 제프가 범인이 아니라고 말하는 것도 아니었죠. 하지만 나는 제프를 믿을 수 있었고, 믿었고, 지금도 믿습니다. 짐작건대 고소를 취하한 육군의 결정은 제프가 한 말을 믿는다는 것을 전

---

30) 이 대목에서 말리는 맥기니스가 작가로서 살인 사건의 진실을 그려내는 데 실패했고, 상투적인 해석을 내놓았다고 비판하고 있다.

제했던 거죠. 그런 이유로 나도 결론을 내렸고, 그 이후로 생각을 바꿔야 할 이유가 전혀 없었습니다."

말리는 맥도널드를 통해 명분을 찾으려는 사람들에 대해 이야기했다. "호감이 가는 대상한테는 명분을 찾기도 쉬운 법이죠. 집 없는 강아지를 구하자는 명분을 내세울 때처럼 말입니다. 제프는 많이 변했습니다. 어떤 면에서 나도 많이 변했죠. 하지만 제프는 예전에 더 호감 가는 사람이었습니다. 지금 제프가 거의 무의식적으로 쓰고 있는 가면이 전에는 없었습니다. 순수한 친구였죠. 이 경험이 제프한테 큰 교훈을 준 셈인데, 그리 잘된 일은 아니죠. 어쨌든 제프만을 탓할 수도 없습니다."

"어떤 면에서 맥도널드 씨가 더 나빠졌다고 보시나요?"

"제프는 실제로 죄수가 됐을 뿐 아니라 이 사건과 자기한테 덧씌워진 이미지와 다른 사람들이 제프한테 거는 기대의 포로가 됐다는 겁니다. 그리고 유명세의 포로가 됐습니다. 그 유명세란 무엇보다도 맥기니스가 쓴 책의 영향 때문이죠. 이제 제프는 그 책을 읽은 사람들의 눈을 의식하며 삽니다. 그들이 자기를 바라보는 시선이 잘못됐음을 보여주려면 어떻게 해야 하는지를 전제하고 자기 말과 행동을 거기에 맞추고 있습니다. 자연스럽게, 즉흥적으로 행동하지 못한다는 겁니다. 제프는 전에 개방적이고 친절한 친구였는데, 이제는 그렇지 않습니다. 우린 대학 시절에 각별한 친구 사이는 아니었습니다—내가 소송에 관여한 뒤에 가까워졌죠—왜냐면 내가 그런 타입이 아니었거든요. 그런 사람을 좋아하긴 하지만, 길에서 만난 사람한테 쉽게 말을 걸고, 금세 친구가 되는 타입은 아니었습니다. 하지만 제프는 늘 그렇게 행동했고, 시간이 지나면서 내가 그 친구를 좋아하게 됐죠. 지금은, 음… '경계한다'는 말이 딱 들어맞는 표현은 아니지만, 그런 상태에 가깝습니다. 많은 사람이 그걸 알아차리지 못하고, 제프가 여전히 개방적이고 친절하고 외향적인 줄 알고 있습니다. 하지만 지금 제프는 자기가 정한 방식에 따라 의식적으로 행동하는 것 같습니다. 그럴 수밖에 없는 상황이죠. 그는 자기를 위해 아무것도 할 수 없어서 주위 사람들을 조종하는 수밖에 없습니다. 이제는 자발적으로 살 수도 없고 심사숙고해서 말하고 행동하죠. 어떤 면에서는 잘된 일입니다. 성숙해졌으니까요. 하지만 오랜 우정을 이어온 나로서는 그렇게 변한 모습을 보는 게 조금 불편할 수밖에 없죠.

난 지금도 제프를 가장 가까운 친구로 여깁니다. 그런데 나한테는 제프가 필요하지 않지만, 제프한테는 내가 필요합니다. 제프도 이런 사실을 잘 알고 있죠. 전에는 이런 식으로 서로 필요한 관계가 아니었지만, 지금은 제프가 어떤 일을 하는 데 내가 필요하고, 내가 그걸 하지 않더라도 제프가 어떻게 할 수 없는 상황입니다. 제프를 방문할 때면 - 어쩌면 면회실이라는 그 작은 방에 간수들이 수갑 찬 제프를 데려오기 때문인지도 모르겠지만 - 늘 우리 역할이 얼마나 달라졌는지 깨닫고 놀라곤 합니다. 제프가 배에 태워주던 시절에는 그가 주도적이었죠. 제프가 배를 몰았고 난 맥주병을 들고 있었습니다. 하지만 이제는 상황이 달라졌고 제프가 다른 역할을 맡았습니다. 제프를 탓하진 않지만, 유쾌한 일은 아닙니다. 누군가 나한테 뭔가를 원하는 관계를 좋아했던 적이 없습니다. 나는 일방적이지 않은 관계를 좋아하는데, 이 관계는 일방적으로 변했어요. 제프는 우정 말고는 나한테 줄 게 아무것도 없으니까요. 제프는 진정으로 나를 좋아한다고 생각하고 나도 그렇게 생각하지만, 좋아하는 것만으로는 충분하지 않잖아요. 제프한테는 단지 자기를 좋아하는 사람이 아니라 좋아하고 또 자기를 위해 뭔가를 해줄 사람이 필요합니다. 그런데 내가 변호사라는 게 문제가 됩니다. 작가였어도 문제겠죠. 기자님은 제프가 설득하려는 사람입니다. 제프는 조도 설득하려고 했죠. 제프가 기자님을 설득하려는 건 자기를 좋아할 뿐 아니라 자기를 위해 뭔가를 해달라는 거였을 겁니다."

말리의 이야기는 남자가 한때 사랑했으나 이제는 한심하게 여기는 여자에 대해 냉정하게 말하는 것처럼 들렸다. 말리는 왜 내게 그런 얘기를 한 것일까?

내가 말했다. "사람들은 왜 기자가 자기에 대해 글을 쓰게 할까요?"

말리가 말했다. "제프의 경우에는 자기한테 이익이 되는 일을 하겠다는 동기가 자명했죠. 자기가 결백하고 좋은 사람이라고 세상에 말해줄 책을 원했던 겁니다. 하지만 어느 시점에 이르자 세상의 평판은 부차적이 됐고, 제프의 자아가 하는 말을 경청하는 진짜 청중은 조 맥기니스뿐이었죠. 제프는 조를 진심으로 좋아하고 믿었습니다. 그래서 더욱 조의 배신이 믿기지 않았죠. 만약 조가 책에서 '나는 어쩔 수 없이 내가 정말 좋아한 이 멋진 남성이 자기 아내와 자식들을 죽였다는 결론에 도달했다.'고 썼다면 사정은 달랐을 겁니다. 하지만 조는 책에서 '이 인간은 냉혈한 살인마, 냉혈한 조종자, 냉혈한 거짓말쟁이고, 나, 조 맥기니스만이 처음부터 그 사실을 알았지만 그걸 확인해야 했다.'고 말했죠. 조가 제프를 믿지 않을 수도 있다는 걸 나도 제프도 잘 알고 있었습니다. 하지만 내가 몰랐던 건 조가 제프를 싫어할 수도 있다는 거였죠. 그런데 조는 그런 생각을 하고 있다는 기색을 전혀 드러내지 않았을뿐더러 정반대로 행동했습니다. 제프를 무척 좋아한다는 듯한 암시를 내비치고 다녔죠. 두 사람은 마초 단짝이었습니다. 같이 조깅하고, 여자 얘기를 주고받고, 마초처럼 구는 짓들을 함께 즐겼죠."

잠시 침묵하던 말리가 다시 말을 이었다. "어떤 면에서 난 조한테 연민을 느꼈습니다. 조가 냉소적으로 '난 제프가 결백하다고 믿지만, 그렇게 쓰면 책이 안 팔릴 테니까, 유죄라고 써야지.'라고 생각한 건 아니라고 봅니다. 그럴 리는 없어요. 절대 그럴 리 없습니다."

"맥기니스의 성격적 결함은 남에게 환심 사려는 태도를 보이지 않는 방법을 모른다는 것일 수도 있어요." 내가 말했다.

"맞습니다. 조한테는 누가 자기를 좋아해주는 게 세상에서 가장 중요한 것 같습니다. 그런 의미에서 조는 제프와 아주 비슷하죠. 하지만 제프와 달리 조는 모든 걸 판단하려고 합니다. 조는 남을 재단하는 경향이 강해요. 평소에는 모든 걸 영원히 받아줄 것처럼 굴기 때문에 사람들이 그와 이야기를 나눌 때 그런 점을 잘 포착하지 못하죠."

"만약에 조가 '제프, 난 네가 가족을 죽였다고 생각하게 됐어.'라고 말했다면 제프는 책 작업에 계속 참여했을까요?"

"네, 그랬을 거로 생각해요. 조를 설득할 수 없다는 사실을 믿으려고 하지 않았을 겁니다."

말리는 맥도널드의 적응 능력을 언급했다. "제프는 여생을 슬퍼하거나 살인자를 추적하며 살고 싶지 않다고 했습니다. 살인 사건을 받아들였듯이 이제는 교도소 생활을 받아들였죠."

"영락한 삶이군요."

"그렇죠. 제프의 인생은 스물여섯 살 때부터 이 사건으로 멍들었고, 뭔가 극적인 사건이 벌어지지 않는다면, 20세기가 끝나기 전에 제프가 교도소에서 나오는 일은 없을 겁니다. 새 재판이 열릴 가능성은 거의 없습니다. 이 법의 범주에서는 갈 데까지 갔어요."

나는 1988년 1월부터 11월까지 맥도널드와 서신을 교환했
다. 맥도널드는 괘선지에 손으로 쓴 긴 편지들을 내게 보냈고, 나
는 타자기로 친 짧은 편지들을 그에게 보냈다. 서신 교환은 일종
의 연애다. 그것은 작고 폐쇄된 사적인 공간에서 이뤄지고—봉
투에 든 종이 한 장이 그것의 매개체이며 상징이다—미묘하지만
명백하게 에로티시즘에 물들어 있다. 누군가와 정기적으로 편지
를 주고받을 때 상대의 편지를 기다리게 되고, 익숙한 봉투를 볼
때 감정이 점차 강렬해지는 것을 느낀다. 그러나 솔직히 인정하
자면 서신 교환의 주된 즐거움은 받는 기쁨보다는 답하는 기쁨
에 있다. 우리가 사랑에 빠지는 상대는 서신을 주고받는 대상이
아니라 자기 안의 '편지 쓰는 사람'이고, 편지가 오는 일이 중대
한 사건이 되는 이유는 편지를 읽을 기회를 주기 때문이 아니라
쓸 기회를 주기 때문이다. 내가 전에 맥기니스에게 치명적이었
던 서신 교환의 영역에 실제로 들어가자 맥기니스가 맥도널드에
게 보낸 편지들에 대해 품었던 의혹 일부가 사라졌다. 물론 나는
법정에서 맥기니스를 그토록 비참하게 했던 노골적인 함정을 피
해갔다. 나는 맥도널드에게 아무것도 약속하지 않았고, 나에 대
해 남들이 알아서 좋을 일이 없는 내용은 편지에 쓰지 않았다. 그
러나 내가 맥도널드에게 쓴 편지의 복사본을 정독해보면 맥기니

스가 자기 목소리에 도취했던 것만큼 나도 내 목소리에 도취했음을 확인할 수 있었다. 맥기니스가 유명 작가와 마초 성향을 공유하는 친구라는 두 가지 역할을 했던 것처럼 나도 언론계의 관대한 여신을 연기하며 이 불행한 죄수에게 편지를 썼다. 그러면서 그가 나를 알게 돼 기자와 인터뷰 대상 사이의 관계에 대한 내 통찰을 적은 글을 읽게 된 것이 얼마나 큰 행운인지를 이해시키려고 했다. 내 편지들은 그 나름대로 맥기니스의 편지들만큼이나 불쾌했다. 편지·내용보다 자기 만족적 논조와 근본적인 허위성이 나를 괴롭혔기 때문이다. 이 허위성은 작가와 인터뷰 대상의 관계에 뿌리박혀 있어서 어찌할 도리가 없다. 맥기니스가 나와 연락을 끊었던 것처럼, 기자는 인터뷰 대상이 연락을 끊은 경우에만 그 허위성에서 벗어날 수 있다. 관계보다 목적이 우선하는 상황이 있고 그런 사실이 분명히 드러나는 다른 관계들과 달리(의사와 환자, 변호사와 의뢰인, 교사와 학생의 관계), 작가와 인터뷰 대상 사이의 관계는 완벽하게 서로 속마음을 숨기지는 않더라도 상대의 목적을 분명히 알 수 없을 때만이 존속할 수 있는 듯하다. 각자 자신의 카드를 탁자 위에 올려놓는다면, 이미 게임은 끝날 것이다. 기자는 고의로 유도해낸 도덕적 무정부주의 상태에서 작업해야 한다. 이것이 버클리와 왬바우가 법정에서 하려던 이야기였고, 그들이 유감을 표시하며 덜 오만하게 말했다면 – 그들이 그것을 고결한 필수 요소가 아니라 난처하지만 다른 도리가 없는 직업상 위험 요소로 표현했다면 – 배심원들을 그렇게까지적으로 돌리지는 않았을 것이다.

　인터뷰 대상 쪽도 도덕적 문제가 없지 않다. 맥도널드가 내게 쓴 편지들도 내가 그에게 쓴 편지들만큼이나 위선적이었다. 그는 말리가 서술한 그대로 나를 설득하고 있었고, 내게 그를 '이용할' 목적이 있었던 만큼 그도 나를 '이용할' 생각을 품고 있었다. 나는 그에게 헛된 희망을 심어줄 생각은 없었지만, 그가 맥기니스가 쓰지 않은 '죄 없이 교도소에 갇힌 결백한 남자'의 이야기를 내가 써주리라는 환상을 절대 버리지 못하리라는 것을 알고 있었다. 그의 20~30쪽짜리 편지들은 온통 그 목적에 따라 쓰였고, 편지에 집요하고 반복적이고 과장된 형태로 드러나는 자기 정당화는 쇠망치처럼 묵직했다. 편지가 오면 나는 곧바로 편지를 읽지 않고 미뤄뒀는데―그의 글은 변함없이 공허했다―마침내 읽다 보면 예상치 못했던 일이 일어나곤 했다. 마음이 흔들리고 울컥해서 때로 눈물이 나올 지경이었다. 그 견딜 수 없이 지루한 편지에 배어 있는 끔찍한 외로움과 밑바닥 인생의 비참함은 마치 프랜시스 베이컨[31]이 작품에서 형상화한, 사라져가는 현실 같았다. 결국, 책을 쓰기 시작하자 맥도널드와 서신 교환을 계속할 마음이 사라졌다. 그는 (다시 한 번) 글 속의 등장인물이 됐고, 실재하는 인간으로서 그의 존재는 내게 희미해졌다.(맥도널드

---

31) 프랜시스 베이컨(Francis Bacon, 1909-1992)은 아일랜드 화가로 경계가 흐릿하고 충격적인 이미지의 회화 작품으로 유명하다.

의 소송이 그를 다시 조명하기까지 그가 맥기니스에게 희미한 존재였던 것처럼) 내가 답장을 쓰지 않은 그의 긴 편지 하나가 책상 위에 놓여 있다. 편지에는 형사소송에 진전이 있었다는 내용이 들어 있다. "가치 있고 강력한 새 증거"를 "아직 발설할 수는 없지만" 내가 원한다면 보내주겠다고 한다. 하지만 나는 그것을 원하지 않는다. 맥도널드가 작가와의 만남에서 잃을 것이 없다면, 작가도 그에게서 얻을 것이 없다. 살인 사건 이야기는 이미 조 맥기니스가 자기 책에서 알렸고, 거기에는 결정판의 아우라가 있었다. 맥도널드가 실제로 새로운 재판을 받는다면, 그리고 결백을 증명할 수 있다면, 자기 인생을 재건할 수는 있겠지만, 맥기니스의 이야기는 절대 지울 수 없을 것이다. 라스콜니코프의 무죄를 입증하는 "강력한 새 증거"가 도스토옙스키의 이야기를 지울 수 없는 것과 마찬가지다.(제프리 엘리엇은 최근에 맥도널드 소송을 다룬 책 작업을 포기했다. 모든 출판사가 출간을 거절했다) 부당한 취급과 굴욕을 당한 사람 ― 또는 그랬다고 느끼는 사람 ― 이 백마 탄 왕자 같은 작가가 나타나 모든 일을 바로잡아 준다는 환상을 품는 것은 자연스러운 현상이다. 그런데 맥도널드 대 맥기니스 소송이 보여주듯이 그 사람 앞에 나타난 작가는 오히려 상황을 악화시키는 경향이 있다. 저널리즘에 진실성과 생명력을 부여하는 것은 인터뷰 대상의 눈먼 자아도취와 기자의 회의주의 사이의 긴장이다. 인터뷰 대상의 이야기를 그대로 글로 옮겨 출판하는 기자는 기자가 아니라 홍보 매니저다. 앞으로 인터뷰 요청을 받는 모든 사람이 맥도널드 대 맥기니스 소송의 교훈을 염두에 둔다면, 콘스타인이 주장한 것처럼 표현의 자유가 위협당하고 저널리즘의 종말이 올 수도 있다. 그러나 논픽션 작가와 독자에게는 다행스럽게도, 인터뷰할 때 기꺼이 자기 사연을 늘어놓는 사람들은 미래에도 차고 넘칠 것이다. 그것이 바로 인간의 본성이다. 희생 제물로 선택돼 가슴에서 심장을 도려낼 그날까지 쾌적한 안락과 사치 속에서 살았던 아스텍의 젊은 남녀처럼 기자가 쓰는 글의 주인공들은 '와인과 장미의 나날'이 끝났을 때 무엇이 기다리고 있는지 너무도 잘 알고 있다. 그들은 기자가 전화를 걸면 여전히 인터뷰를 승낙하고, 나중에 자기 목에 떨어지는 칼날을 보게 될 때 여전히 경악한다.

후기

　작가와 출판사는 명예훼손 소송이 너무 급격히 늘어나고 있다고 불평하지만, 이런 상황을 개선하자며 행동에 나서는 이는 거의 없다. 1989년 이란의 아야톨라가 도피 중인 살만 루시디[32] 에게 공개적인 사형 선고를 내렸던 사건은 모든 명예훼손 소송의 저변에 깔린 원시적 감정을 잘 드러내 보여준다. 자신을 나쁘게 묘사하여 모욕감이 든 책의 주인공은 작가를 죽이고 싶은 충동에 시달리게 되는데, 현대의 법체계에서 그런 충동은 작가에게서 거액의 배상금을 받아내는 문명적인 방법으로 승화했다. 대부분 명예훼손 소송은 고소인의 패배나 소규모 합의로 끝난

---

32) 인도 소설가 살만 루시디(Salman Rushdie, 1947-)가 1988년 출간한 소설 『악마의 시(*Satanic Verses*)』에서 이슬람교의 창시자 무하마드를 불경스럽게 묘사했다는 이유로 이슬람 세계가 강하게 반발했다. 이란 최고 권력자 아야톨라는 1989년 루시디에게 사형을 선고하여 국제적인 파문을 일으켰다.

다. 따라서 책의 실제 주인공이 거액을 받는 경우는 드물지만, 소송 자체가 그의 굴욕적인 무기력을 치료해주고, 자존심과 활력을 되찾게 해준다. 논픽션 주인공은 누군가가 자신의 불만을 공감하며 들어줄 때 느끼는 위안을 변호사한테서 얻는다. 전통적 심리 치료에서는 환자의 이야기에서 모순을 찾아 불쾌할 정도로 파고들겠지만, 법률 치료는 언제나 만족을 준다. 사실 변호사가 의뢰인을 위해 말하고 쓰는 내용은 의뢰인이 아무리 터무니없는 기대를 하더라도 그보다 훨씬 더 만족스럽다. 늦은 밤 복수심에 불타 곱씹다가도 아침이 되면 별것 아님을 깨닫고 망각하곤 하는 소소한 언행과 감정들을 변론에서는 단 하나도 놓치지 않는다. 그것들을 만천하에 공표하고 후대에 길이 보전하려는 듯이 일일이 기록한다. 그리고 소송이 진행됨에 따라 '내 말이 맞다!'고 주장하는 호전적 문서들이 차곡차곡 쌓여간다. 그 와중에 상대편에서도 똑같은 자기 정당화의 변론이 쏟아지고 법정에서는 이전투구가 벌어진다. 명예훼손 소송의 피고인은 최초의 불안한 순간이 지나고 나면,(우리는 늘 뭔가에 대해 죄책감이 있고, 소송당하면 그 감정이 솟아난다) 치료를 맡은 변호사의 도움으로 자신이 무조건 옳으며 두려워할 필요가 없음을 깨닫게 된다. 자기편을 들어주는 법적 문서를 읽는 것만큼 기분 좋은 독서 경험도 없을 것이다. 변호사는 우리가 할 수 있는 것보다 훨씬 더 훌륭하게 우리를 위해 변론하고, 우리가 일상 언어로는 얻을 수 없는 확신의 감정을 선사한다. 고소하거나 고소당해 보지 않은 사람은 다른 무엇과도 비교할 수 없는 나르시시즘적 쾌락을 놓치는 셈이다.

나 자신도 몇 년 전에 내가 쓴 책『프로이트 아카이브에서(*In the Freud Archives*)』의 주인공 제프리 마손에게 명예훼손으로 고소당해 그 쾌락을 경험할 기회가 있었다. 나는 지금도 사무실에 산더미처럼 쌓였던 소송 관련 문서들을 똑똑히 기억한다. 마치 금지된 쾌락에 끌리듯이 그 문서들에 끌렸고, 제일 좋아하는 동화책을 몇 번이고 다시 읽는 어린아이처럼 그것들을 정독하곤 했다. 물론 내 황홀한 독서는 그 문서 더미의 절반 – 내 변호사들이 쓴 문서 – 에만 해당했다. 나머지 절반, 즉 마손의 변호사들이 쓴 나머지 절반에는 관심이 없었다. 마손 측 문서가 도착할 때마다 나는 그것을 대강 훑어보고는 논지가 약하고 요령부득이라고 생각했고, 다시는 건드리지 않았다. 마손도 물론 나처럼 행동했을 것이다. 타인의 관점으로 세상을 바라보기는 실생활에서도 매우 어려운 일이고, 법률 소송에서는 그것이 아예 불가능하다. 소송의 치명적 매력은 디킨스가『황폐한 집』[33]에서 잔다이스 대 잔다이스 소송을 통해 우리에게 보여줬듯이 현실 세계의 이중성, 불분명함, 의혹, 실망, 타협, 순응에서 도망칠 무한한 기회를 제공한다는 데 있다. 소송의 세계는 플라톤의 이데아가 구현된 세계로

---

33) 영국 소설가 찰스 디킨스(Charles Dickens, 1812-1870)의 소설『황폐한 집(*The Bleak House*)』에 나오는 잔다이스 대 잔다이스 소송은 막대한 재산을 둘러싸고 유산 상속자 사이에 몇 세대에 걸쳐 계속된 싸움으로 원래 소송인들은 모두 죽고 후손들이 소송 비용을 감당하기 위해 지루한 법정 싸움을 계속한다.

이것 아니면 저것으로 모든 일이 명백하고 선명하게 드러난다. 그 세계는 디킨스가 집착의 알레고리를 통해 보여줬듯이 광기의 세계이기도 해서 그 안에는 위험 부담을 안고 들어갈 수밖에 없다. 마손 소송이 시작된 지 몇 달 뒤에 나는 디킨스의 경고를 받아들여 벼랑 끝에서 후퇴했고, 딱 한 번 그곳으로 되돌아갔다. 그것은 1987년 여름 연방법원 판사가 마손의 소송을 즉결 기각했을 때였고, 나는 유아적 환희에 차서 판사의 27쪽짜리 공문을 읽었다. 하지만 흡족해하던 내 마음은 소송을 걸고도 아무 결과도 얻지 못한 피고에 대한 일종의 피곤한 연민으로 곧 대체됐다.[34)]

어쨌든 자기가 쓴 책 속의 인물한테 소송당하는 것은 현실에만 존재하는 사람한테 소송당하는 것과 매우 다르다. 왜냐면 책을 쓰는 과정에서 소송 상대를 훨씬 더 깊고 세밀하게 탐구하고 알게 됐을 뿐 아니라 작가 자신의 상당 부분을 그에게 투사했던 경험이 있기 때문이다. "마담 보바리는 바로 나다." 플로베르는 자기가 창조한 소설 주인공을 가리켜 이렇게 말했다. 논픽션의 등장인물도 소설의 인물만큼이나 작가의 가장 개성적인 욕구와 깊은 불안에서 비롯한다. 그는 작가가 되고 싶은 인물이면서 동시에 그렇게 될까 봐 두려워하는 인물이다. '마손은 바로 나다.'

---

34) 법률 치료를 마무리할 준비가 되지 않았던 마손은 즉결심판에 항소했다. 1989년 8월 제9연방항소심법원에서는 2대 1로 즉결심판을 인정했다. 마손은 즉시 다시 항소했고, 이 항소는 현재 결과를 기다리는 중이다.

니콜라이 고골의 전기를 쓴 블라디미르 나보코프는 고골의 작품 『감찰관』의 유래에 대해 평론가들이 세운 가설을 다음과 같이 인용했다.

우리에게는 예술 작품이 유래한 '실화'를 추적할 수 있다는 (흔히 사실이 아니고 항상 무관한) 사실에서 만족을 얻는 이상하고 병적인 경향이 있다. 작가도 우리와 마찬가지로 이야기를 혼자서 만들어낼 정도로 영리하지 않다고 생각하면 우리가 자신을 더 존중할 수 있기 때문일까?

이 책의 내용을 이루는 저널리즘 배반의 연대기가 잡지 『뉴요커』에 처음 발표됐을 때, 어떤 기자들은 내가 기사를 제대로 쓰지 않고—즉, 성실한 기자답게 새 기사를 쓰지 않고—마손 대 맬컴 소송에 가면을 씌운 버전을 그대로 발표했다고 주장했다. 그들은 모든 기자가 기자와 인터뷰 대상이 맺는 관계의 '착취적인' 성격에 대해 죄책감을 느끼고 있거나, 느껴야 마땅하다는 내 제안이 내가 제프리 마손에게 저지른 잘못에 대한 은밀한 고백이라고 주장했다. 또한 내 글이 양심의 가책에서 비롯된 결과임을 보여주고자 곧바로 마손을 동원했다. 즉결심판 당시 내가 마손에 대해 느꼈던 연민은 단지 '뒷이야기'에 살을 붙이는 데 유용하다는 이유로 마손에게 관심을 보인 기자들과 그가 인터뷰하는 광경을 보며 되살아났다. 기자들은 그를 이용하고 나서 곧바로 그를 버렸다. 내 책에 등장한 활기차고 뻔뻔하고, 복잡한 남자는 새로운 환경에서 서글프도록 왜소해졌다. 그토록 까다롭고 제멋대로 굴던 마손에게 기자들이 대체 무슨 짓을 했기에 그는 그토록 처량해 보였을까?

그러나 마손은 목적을 이뤘다. 내가 그의 말을 잘못 인용해 자신의 명예를 훼손했다는 마손의 소송 내용이 전국 신문과 잡지에 단지 혐의가 아니라 기정사실로 실리기 시작했다. 성인이 된 이래 매일 읽었던 명망 있는 신문, 그 진실성을 의심해본 적이 없는 신문에서 내가 확실히 알고 있는 거짓 내용을 읽는 것은 참으로 끔찍한 경험이었다.[35] 『뉴욕타임스』는 적절한 시기에 그

35) 『뉴욕타임스』 1989년 3월 21일 자 기사 「윤리, 기자, 그리고 잡지 뉴요커」에서 기자 앨버트 스카디노는 "재판장에서의 증언에 따르면 그녀는 인용문을 날조하고 대화를 지어냈다.", "맬컴 씨는 날조 사실을 시인했다."라고 썼다. 물론 재판은 열리지도 않았으므로(소송은 기각됐다) 누군가 그런 증언을 했을 리가 없고, 나는 (가상의 재판에서) 날조 사실을 시인한 적이 없었다. 스카디노가 헷갈렸던 이유는 ― 그리고 추후에 항소법원의 즉결심판 인정을 보도한 기자들이 헷갈렸던 이유는 ― 재판 비용을 절감하려는 피고를 위해 법이 제공하는 편의인 즉결심판의 성격을 이해하기 어렵기 때문일 것이다. 즉결심판에서 피고는 원고가 재판에서 승소할 가능성이 없음을 입증해야 한다. 연방민사소송규칙 제56조 c항에서 제한한 영역에서 그것을 입증하기 위해 ― 제56조 c항은 "결정적 사실들에 관해 논란이 없을" 때만 즉결심판을 승인한다고 규정한다 ― 피고는 재판에서라면 증거를 요구해야 마땅한 원고 측의 극심한 비난에 종종 이의를 제기하지 않고 넘어가야 한다. 따라서 마손 대 맬컴 소송에서도 연방민사소송규칙 제56조 c항을 준수하기 위해 피고 측은 내가 내 책에 인용된 문구의 출처로 법원에 제출한 4쪽짜리 기록

내용을 철회했지만, 이미 발생한 폐해는 돌이킬 수 없었다. 최근 톰 위커가 『뉴욕타임스』의 정치 칼럼 「인 더 네이션(In the Nation)」에 적었듯이, "어떤 비난을 했다가 취소한다고 해서 원상태로 돌아가지 않는다는 것은 자명한 이치다. 실수로 기사에 허위 정보를 공개한 적이 있는 정직한 기자들은 기사가 나간 다음에 아무리 강조하며 철회해도 기사가 끼친 폐해를 돌이킬 수 없다는 사실을 잘 알고 있다." 위커가 이를 언급한 것은 매카시[36]가 공산주의 간첩이라고 고발했던 오언 래티모어의 부음과 관련해서였다. 래티모어는 부단한 노력 끝에 공산주의 간첩이라는 혐의와 그와 유사한 혐의들에서 성공적으로 벗어났다. 위커 칼럼의 핵심은 다음 문단이었다.

> 래티모어의 부고 기사가 나간 뒤에 (…) 우파 성향이 아니고 견문이 넓은 지인 두 명이 래티모어 씨가 사실은 결백했다는 부고를 읽고 놀랐다고 내게 말했다. 그들은 매카시가 과장을 일삼았다는 사실을 알면서도, 거의 40년 동안 래티모어 씨가 누

이 "날조"됐다는 원고 측의 비난에 이의를 제기하지 않았다. 그런 상황에 부응하여 즉결심판을 승인한 하위법원과 항소법원은 사실상 내 인용문 출처 기록에 대한 마손의 비난이 사실이라고 하더라도, 1065쪽의 녹음테이프 녹취록을 두고 마손이 승소할 가능성이 없다고 결론지었다. 그런데 즉결심판문의 "사실이라고 하더라도" 부분을 일간지 기자들이 이해하지 못하고 '사실' 이라고 받아들인 모양이다. 나는 이 각주에서 내가 기록을 날조하고 인용문을 만들어냈다는 비난은 어불성설이고 그것을 전적으로 부인하며, 그런 증거가 전혀 없음을 말하고자 한다.
36) 조지프 매카시(Joseph McCarthy, 1908-1957)는 미국 정치인으로 냉전 시대에 반(反)공산주의 활동으로 '매카시즘'을 유행시켰다.

군가의 표현으로는 적어도 '더럽혀졌다'는 인상을 간직했던 것이다.

『뉴욕타임스』의 그 기사 때문에 나 또한 의심의 여지없이 일부 견문이 넓은 사람들 사이에서 언론계의 전락한 여성으로 더럽혀져 있을 것이다.

작가가 장르의 규칙을 위반했을 때 독자에게는 어떤 문제가 생길까? 사실 현대 소설은 그런 위반 행위로 가득하다. 닥터로(E.L. Doctorow)는 허구의 인물과 역사적 인물을 섞어놓음으로써 새로운 소설 형식을 실험했고, 필립 로스는 『반인생』 첫 장에서 인물의 죽음을 서술하고 나서 두 번째 장에서 그를 이스라엘로 보내 심장 수술을 받고 회복하게 했다.("아까 했던 이야기는 사실이 아니었다.") 그렇다면 논픽션 작가는 왜 그 같은 방식으로 장난을 치고, 비슷한 자유를 누리고, 현대적인 실험을 할 수 없다는 것인가? 한 장르의 작가는 왜 다른 장르의 작가보다 더 많은 특권을 누리는가?

질문에 대한 답은 바로 이것이다. 소설가가 논픽션 작가보다 더 많은 특권을 누릴 권리가 있기 때문이다. 소설가는 자기 집의 주인이고 그 안에서 무엇이든 자기 마음대로 할 수 있다. 로스가 『반인생』에서 그랬듯이 아예 그 집을 무너뜨려도 된다. 그러나 논픽션 작가는 집―그 집의 이름은 '실제 사실'이다―에 처음 들어갔을 때와 똑같은 상태로 떠나라는 임대 계약서의 조건을 지켜야 하는 세입자에 불과하다. 가구를 들여오고 원하는 대로 가구를 배열하고(이른바 '신(新)저널리즘'은 가구를 배열하는 방식과 관련이 있다) 조용히 라디오를 들을 수는 있다. 하지만 그 집의 기본 구조를 건드리거나 건축 구조를 함부로 변경해서는 안 된다. 논픽션 작가는 실제로 일어난 사건과 실재 인물만을 다루기로 독자와 계약한 상태이고, 그런 사건이나 인물에 관한 사실을 윤색해서는 안 된다.

나는 논픽션 작가의 창작 범위가 제한된 것이 마치 구속인 것처럼 말하고 있으나, 사실은 그 덕분에 논픽션 작가의 작업은 덜 고되다. 소설가는 아무것도 없는 상태에서 시작해서 하나의 세계를 창조하는 끔찍한 노동을 견뎌야 하지만, 논픽션 작가에게는 이미 만들어진 세계가 있다. 비록 소설의 세계만큼 일관성 있는 세계도 아니고, 소설 속 인물보다 생생함이 훨씬 뒤떨어지는 사람들만 있지만, 독자는 그런 것들을 불평 없이 받아들인다. 그런 측면에서 논픽션 독서 경험은 소설보다 질이 떨어진다고 볼 수도 있지만, 한편으로 독자는 논픽션 장르에 고결하고 유익한 성격이 있다고 믿는다. 그것은 논픽션이 실제로 일어난 사건과 실제로 살았거나 살아 있는 사람들에 관한 책이며, 진실을 담은 작품이라는 점이다. 그 때문에 독자는 논픽션을 가치 있게 여기고, 강렬한 경험을 기대하는 너그러운 마음으로 읽는다.(허구이기에 더욱 강렬한 독서 경험을 기대하는 문학 작품과 대조적이다) 독자는 소설가를 믿지 않을 상황에서도 논픽션 작가를 굳게 신뢰한다. 그런 만큼 논픽션 작가는 독자가 미리 관대함을 지불한 상품을 꼼꼼하게 완성해야 한다. 물론 순수하게 허구로만 이뤄진 책이 존재하지 않듯이 순수하게 사실만으로 이뤄진 책도 없다. 모든 소설이 현실에 의지하듯이 모든 논픽션은 예술에 의지한다. 소설가는 인간 공통의 경험을 든든한 기반으로 삼기 위해 상상력을 일정한 수준으로 제한해야 한다.(꿈은 제한되지 않은 상상력의 전형적인 예다. 그래서 꿈 이야기는 당사자를 제외한 모든 사람에게 재미가 없다) 반면에 논픽션 작가는 사실을 있는 그대로 옮기기보다는 문학의 서사적 장치를 작동시켜야 한다.

특히 인터뷰 대상의 말을 녹취한 기록에서는 이런 조정이 꼭 필요하다. 녹취록을 읽다 보면, 있는 그대로의 사실이 현실을 왜곡할 수도 있음을 깨닫게 된다. 우리는 대화할 때 우리가 하는 말이 이상하다는 사실을 알지 못한다. 우리의 귀는 그것을 표준적인 언어로 알아듣고, 한 글자씩 그대로 글로 옮겨놓고 나서야 그것이 일종의 외국어처럼 낯선 언어라는 사실을 깨닫는다. 녹음기가 인간의 발화와 관련하여 밝힌 사실은—몰리에르의 무슈 주르댕은 틀렸다. 우리는 문어체로 말하지 않는다[37] – 19세기 사진가 에드워드 마이브리지(Eadweard Muybridge)가 운동 연구를 통해 동물의 운동에 관해 밝힌 사실과 일맥상통한다. 셔터 속도가 빠른 마이브리지의 사진기는 아무도 본 적이 없는 모습을 포착하여 정지된 이미지로 남겼고, 과거의 예술가들이 묘사한 '달리는 말'(그리고 다른 동물들)의 모습이 '틀렸음'을 밝혀냈다. 현대 예술가들은 처음에 마이브리지의 발견에 당황했지만, 곧 평정을 되찾고 예전처럼 사진기에 보이는 대로가 아니라 육안으로 보는 대로 묘사했다. 이와 마찬가지로 녹음기 시대의 소설가들은 계속해서 대화문을 '녹음기어(語)'가 아닌 표준 언어로 쓰고 있다. 또한, 대부분 기자는 녹음기를 텍스트 인용에 이용하기보다 기억에 도움이 되는 보조 자료로만 이용한다. 녹취록은 발언의 완성본이 아니라 일종의 초고다. 녹음 내용을 적은 녹취록을 들여다본 사람이라면 누구나 알겠지만, 우리는 모두 우리가 뜻하는 바를 솔직하게 말하기를 극도로 망설인다. 따라서 우리가 하는 말은 모두 '비문'이라고 해도 과언이 아니다. 망설이다가 에둘러 말하고, 지나치게 반복하고, 앞뒤가 맞지 않고, 빈틈이 많고, 문장 구조가 꼬여 있다.

---

37) 프랑스의 고전주의 극작가 몰리에르가 1670년에 발표한 희곡 『서민귀족(Le Bourgeois Gentilhomme)』에 등장하는 부르주아 주르댕은 귀족이 되기를 꿈꾸며 귀족적 예법과 교양을 익히고자 온갖 노력을 기울인다. 그가 철학교사에게 귀족처럼 발음하는 법을 배우는 풍자적인 장면은 웃음을 자아낸다.

녹음기는 언어 현상에서 완전히 새로운 영역을 개척했다. 이 분야 선구적 연구자들이 누구인지는 일반 대중에게 아직 알려지지 않았다.(이 분야 연구에 일찍이 이바지한 매력적인 논문이 있다(Dahl, Teller, Moss, & Truhillo, 『Psychoanalytic Quarterly』, 1978) 이 논문은 정신분석가의 말을 있는 그대로 분석하고 그것의 기묘한 통사 구조가 은밀하게 환자를 괴롭히는 형태였음을 증명했다) 그러나 이 세계는 저널리즘식의 대화가 이뤄지는 세계가 아니다. 기자가 인터뷰를 녹음한 인물의 말을 인용할 때는 독자는 물론이고 인터뷰 대상에게 그의 말을 산문으로 '번역'할 의무가 있다. 우리가 실생활에서 다른 사람들의 말을 들을 때 뇌에서 매순간 자동으로 진행하는 일종의 '편집'을 전혀 하지 않고 인터뷰 대상의 발언을 그대로 받아 적는 기자는 타인에 대한 배려가 없는 (또는 실력이 없는) 사람이다.

예를 들어 내가 맥도널드 대 맥기니스 소송에서 피고 측 증인이었던 마이클 스톤에게 맥도널드가 결백할 가능성은 없는지 물었을 때 그는 (녹음테이프에서) 다음과 같이 말했다.

없다고 생각합니다. 사실 나는 어떻게 말하고 싶었느냐면 – 판사가 내 재신문 기회를 빼앗아버렸습니다 – 댄(피고 측 변호인 대니얼 콘스타인)은 내가 재신문받을 시간이 있다고 했는데 – 보스트윅이 교활하게도 장난 같은 질문을 해대며 시간을 끌었습니다. – 판사는 그러는 보스트윅을 내버려뒀죠 – 그래서 결국 내가 비행기를 타러 가야 했기 때문에 재신문받을 시간이 없었습니다. 그런데 내가 콘펠드에게 준 자료가 뭐냐면, 이걸 다 읽어보고 자면서도 이 생각만 줄곧 하다가 재판에서 증언한 첫날밤에 어떤 통찰을 얻었습니다. 말하자면, 네 명의 침입자는, 심리학적으로 말해서, 이건 맥도널드가 했던 말 중에서 유일한 진실입니다. – 실제로 침입자는 네 명이었습니다 – 하지만 그들은 맥도널드가 묘사한 그대로는 아니었습니다. – 맥도널드의 쾌락주의적, 음, 생활과 여자들을 후리고 다니는 삶에 침입한 사람이 네 명 있었죠 – 알다시피 책임 있는 남편으로서, 아버지로서 살지 않으려는 맥도널드의 성향을 방해한 네 명은, 곧 콜레트, 크리스티, 킴벌리, 그리고 배 속의 아들이었습니다.

내가 이 대목을 책에 삽입할 때는 다음과 같이 썼다.

그렇습니다. 재판에서 이 이야기도 하지 못했습니다. 보스트윅이 교활하게도 장난 같은 질문을 하면서 시간을 질질 끌었고, 난 비행기를 타러 가야 해서 사정이 그렇게 됐습니다. 자, 제프 맥도널드는 네 명의 침입자가 가족을 살해했다고 주장했고, 그것이 그가 주장하는 유일한 진실이었습니다. 맞습니다. 제프 맥도널드의 주색잡기와 방탕한 삶에 침입한 사람이 정말로 4명 있었습니다. 책임 있는 남편과 아버지로 살지 않는 맥도널드의 타락한 성향을 방해한 네 명은 그의 아내 콜레트와 그의 딸 크리스틴과 킴벌리, 그리고 아내의 배 속에 있던 아들 이었죠.

녹음기가 발명되기 전에는 어떠한 인용문도 실제로 한 말을 그대로 완벽하게 옮길 수 없었다. 보스웰[38]이 인용한 새뮤얼 존슨[39]의 말이 존슨이 실제로 말한 것과 똑같지 않다는 사실은 명백하다. 우리는 존슨이 실제로 한 말을 영원히 알 수 없다. 그리고 어떤 기자들은 아직까지도 이 양날의 검 같은 기술적 도구를 이용하지 않고, 현장에서 노트에 받아 적고 편집하는 방식을 고수한다. 그러나 명예훼손 소송이 만연하는 오늘날에는 기자가 인터뷰 대상이 한 말을 전자 기록으로 남기는 작업이 유용해졌다.

그러나 명예훼손 소송에 대비하기 위해, 또는 인터뷰의 뉘앙스와 분위기를 온전하게 포착하기 위해 언론 인터뷰에서 녹음기를 사용하는 것은 어찌 보면 기자와 기자가 쓴 글에 좋은 영향을 미치지 못한다. 녹취록을 아무리 잘 편집하더라도, 녹음된 대화와 독백이 포함된 글에는 그 출처의 흔적이 일종의 금속성처럼 배어 있다. 또한, 작가가 인터뷰 대상의 사고 흐름을 현장에서

---

38) 제임스 보스웰(James Boswell, 1740-1795)은 영국의 법률가이자 작가다. 대표작은 전기 『새뮤얼 존슨의 일생(*Life of Samuel Johnson*)』(1791)다.
39) 새뮤얼 존슨(Samuel Johnson, 1709-1784)은 영문학에 크게 이바지한 영국 작가, 비평가다.

즉각 포착하여 쓴 글에 있는 진실한 분위기가 없다. 게다가 인터뷰 녹취록을 증거로 채택하여 인터뷰 대상이 한 말과 하지 않은 말을 판별하는 소송은 결과적으로 기자가 서기인가, 작가인가에 관한 유치한 다툼으로 전락할 수 있다.(내 의견으로는 마손 대 맬컴 소송이 그랬다)

그런 연유로 이 책을 포함해서 내가 쓴 모든 기사의 인용문은 실제 발화된 내용과 다르다. 그렇다고 해서 내 인용문이 조지프 왐바우가 말한 것처럼 있었을 법한 대화나 있을 수 있는 대화를 지어낸 것도 아니다. 왐바우의 기교는 역사 소설("제기랄." 리슐리외가 말했다. "폐하께서 이 일을 아시면 경악하실 텐데!')이나 '실화 범죄소설'에서 자주 사용되지만, 저널리즘을 내걸고 하는 작업에서는 고려할 가치조차 없다. 신문 기사나 책에서 인용문을 읽을 때 우리는 그것이 화자가 했을 법한 말이 아니라 실제로 한 말을 그대로 옮겼다고 믿는다. 기자가 타인의 말을 보도하지 않고 스스로 만들어냈다는 것을 알면 독자는 불쾌하고, 심지어 사악하다는 생각마저 든다. 우리는 이 세상에 관한 지식의 아주 큰 부분을 언론이 전하는 정보를 통해 얻기에 잘못된 인용 문제가 거론될 때마다 자연히 불안해진다. 저널리즘의 인용문은 반드시 화자의 의견을 충실히 전달해야 하고, 화자가 자기 생각을 표현하는 고유한 방식도 충실히 전달해야 한다. 이것은 문체를 다듬는 일보다 훨씬 중요하다. 그런데 독자와 인터뷰 대상에게 참 다행하게도, '녹음기어'를 언어다운 언어로 재구성하는 작업과 신뢰할 수 있는 인용문을 작성하는 작업은 서로 상반되지 않는다. (나 자신이 빈번이 발견했듯이) 사실 이 두 작업은 상호보완적이다.

나는 10년 넘게 꽤 긴 르포 기사를 써왔다. 처음부터 나는 기자와 인터뷰 대상의 관계가 얼마나 건강하지 못한지를 깨닫고 큰 충격을 받았다. 매번 기사를 쓸 때마다 저널리즘이라는 화려한 꽃에 들어 있는 암세포에 대한 의식이 깊어졌다. 대니얼 콘스타인과 조 맥기니스가 기자와 인터뷰 대상 관계의 문제점을 대표하는 전설적인 사건 – 살인 혐의로 옥살이하는 남자가 자신을 4년 동안 불쾌하게 속인 작가를 고소한 소송 – 을 거론하며 내게 접근했을 때 나는 이미 오래전부터 그 주제에 대해 생각해오던 참이었다. 그 사건은 내 상상력을 자극했고, 잠재적인 서사 구조들이 떠올랐다. 맥도널드 대 맥기니스 명예훼손 소송에 대한 내 글이 이전에 내 책의 주인공에게 고소당했던 경험을 얄팍하게 포장한 것이라는 주장은 틀렸다. 기자는 그렇게 하기에 너무 고지식하다. 무엇보다도 기자는 소심하다. 소설가가 두려움 없이 자기 노출의 세계에 뛰어들지만, 기자는 옷을 벗지 못하고 경계에 서서 떨고 있다. 기자는 자신의 깊은 슬픔과 수치심을 정열적으로 세상 사람들 앞에 늘어놓지 않는다.(이것은 소설가의 일상이다) 기자는 자신의 것이 아니라 남의 슬픔과 수치심을 드러내는 깨끗하고 신사다운 작업을 할 뿐이다. 정확히 말해서 맥도널드의 소송이 마손의 소송과 공통점이 전혀 없었기에 나는 대담하게 맥도널드 소송을 취재하고 책을 쓰기로 했다.(그리고 또한 그 때문에 피고였던 내가 원고에게 공감하는 위치에 설 수 있었다) 맥도널드 대 맥기니스 소송은 작가가 책의 실제 주인공에게 했던 사적인 행동이 문제시됐다는 점에서 전례 없는 소송이었다. 과거의 어떤 소송도 그 지저분한 영역을 건드리지 않았다. 반면에 마손 대 맬컴 소송은 출판된 책의 텍스트만을 다룬 소송이었다. 그런데도 일부 독자가 이 책을 사실은 내 이야기라고 오해했던 것은,(그리고 내가 마손 소송을 언급하지 않았기에 이 책이 불완전하고 정직하지 못하다고 생각한 것은) 저널리즘 작품의 '나'라는 인물의 정체성을 오해한 데서 비롯한다고 생각한다. 이 인물은 '아무것도 지어낼 수 없다.'는 저널리즘 규칙의 예외에 해당한다는 점에서 기자가 쓴 글에 나오는 다른 모든 인물과 다르다. 저널리즘의 '나'라는 인물은 거의 순수하게 창조된 인물이다. 자서전에서 작가의 표상으로 등장하는 '나'와 달리 저널리즘의 '나'는 작가와 거의 관련이 없다. 말하자면 영화배우가 영화 속 인물과 관련 있는 정도와 비슷하다. 저널리즘의 '나'는 절대적으로 신뢰받는 서술자다. 그는 이야기를 진행하고 논지를 전개하고 작품 분위기를 좌지우지하는 중대한 임무를 맡은, 고대 그리스 비극의 코러스처럼 어떤 목적을 위해 특별히 창조된 인물이며, '삶의 객관적 관찰자'라는 개념을 구현하는 상징적 인물이다. 그러나 독자는 소설의 화자가 작가와 동일 인물이 아니라는 사실을 기꺼이 받아들이면서도 저 널리즘의 창조된 '나'라는 개념을 완고하게 거부한다. 게다가 기 자들도 자기 글에 등장하는 '나'와 자신을 분리해서 생각하는 데 어려움을 겪을 때가 있다. 내가 기자로도 활동하는 제프리 엘리 엇 교수와 대화하던 중에 그런 혼란이 뚜렷이 부각된 순간이 있 었다. 엘리엇은 『치명적 환영』에 나온 어느 사건 때문에 격분했던 일을 언급했다. 이 사건은 책을 토대로 제작한 영화에도 나왔는 데, 롤리에서 맥도널드와 그의 변호인단이 버니 시걸의 생일 파 티 중에 상대편 검사 브라이언 머터프의 확대 사진에 다트를 던 지며 놀았던 사건이었다. 맥기니스는 책에 다음과 같이 썼다.

변호인단 사람들은 번갈아 하나둘 사진에 다트를 던졌다. 제 프리 맥도널드가 명중시켰다. 변호사와 인턴들이 손뼉 치며 웃는 가운데 맥도널드도 기뻐했다. 그는 흥에 겨워 사람 사진 에 뾰족한 물체를 찌르는 행위가 적절치 못할 수도 있다는 가 능성을 망각한 듯했다.

영화에서는 맥도널드가 다트를 던지고 조 맥기니스가 엄숙 한 표정으로 그 장면을 지켜본다. 게리 보스트윅은 첫 번째 선서 증언에서 맥기니스에게 파티에서 그도 다트를 던졌는지 물었고,

맥기니스는 "기억나지 않습니다."라고 대답했다. 하지만 맥도널 드 대 맥기니스 소송에서 시걸은 맥기니스도 함께 다트를 던졌다고 증언했다. 엘리엇은 분개하며 내게 말했다. "어떻게 본인도 다른 사람들과 함께 다트를 던져놓고서, 책에는 본인이 생일 파티 장소 한구석에 조용히 서서 맥도널드 씨가 검사의 얼굴에 다트를 던지는 광경을 혐오스럽게 지켜보았다고 쓰고, 영화 제작에 그런 식으로 자문까지 할 수 있습니까?" 엘리엇은 이어서 말했다. "이런 태도는 부정직합니다. 맥도널드 씨를 사악한 인물로 묘사하고, 자신을 겁에 질려 바라보기만 한 순수한 인물로 묘사하는 데 그 장면을 사용한 것이죠. 하지만 작가가 다트를 던지는 데 참여했다면 그 장면을 쓰지 말아야죠. 작가도 참여했다는 사실이 밝혀질 테니까요."

"아니요, 그렇진 않아요."(현실의) 내가 엘리엇에게 말했다. "맥도널드 소송 이전에는 아무도 보스트윅이 맥기니스의 사적인 행동을 시험대에 올린 것처럼 기자의 사적 행동을 시험대에 올리지 않았거든요."

"내가 장담하는데, 맥기니스도 자신이 시험대에 오르리라고는 예상하지 못했을 겁니다."

"그렇죠."

"어쨌든 충격적입니다."

보스트윅이 『치명적 환영』의 화자 '나'와 작가 사이의 간극을 파헤침으로써 이 소송은 전례 없고 위험한 소송이 됐다. 이 소송이 저널리즘을 위협한다고 쓴 콘스타인이 옳았다. 기자가 책에 등장할 '나'가 할 법한 행동을 너무 이르게 하면 작업을 더 진행할 수 없다. '참여 관찰자'라는 모순적 용어가 인류학자와 사회학자의 현장 활동을 표현할 목적으로 새롭게 만들어졌는데, 이 용어는 현장에서 활동하는 기자에게도 적용된다. 맥기니스는 다른 기자들보다 책의 실제 주인공의 삶에 더 깊이 관여했기 때문에 – 책의 실제 주인공과 6주 동안 함께 살면서 날마다 살인 사건 형사재판 법정에 함께 가고, 옥에 갇힌 주인공과 4년 동안 서신을 교환하는 기자가 몇 명이나 있겠는가? – 보스트윅이 법정에서 공격한 표리부동한 행동을 하게 됐을 확률이 다른 기자들보다 훨씬 높았다. 게다가 다른 기자들은 맥기니스처럼 눈에 띄게 경거망동하지 않고, 조용하고 은밀하게 취재 대상을 배반한다. 동료 기자들은 내게 "나였다면 절대 맥기니스처럼 행동하지 않았을 거야. 난 그런 부류가 아니거든. 인터뷰 대상을 고통스럽게 하면 내가 괴로워질 테니까."라고 말하곤 했다. 마치 우리한테는 오로지 우리가 쓰는 '글'이 중요한 것처럼 말이다. 기자의 도덕적 모호함은 글이 아니라 그 글이 만들어지는 관계, 필연적으로 늘 한쪽으로만 치우친 권력 관계에 있다. 저널리즘 작품 속의 '선한' 인물도 '악한' 인물과 똑같이 작가가 타인에게 발휘한 불경한 권력의 산물이다. 내가 게리 보스트윅과 우호적으로 교류하던 중에도 나는 보스트윅을 고통에 빠뜨릴 수 있는 내용을 책에 삽입할 선택권이 내게 있음을 늘 알고 있었다. 물론 보스트윅도 그 사실을 잘 알고 있었다. 그랬기에 우리의 '가짜 우정'에는 작가와 인터뷰 대상 사이에서 보기 드문 상쾌한 자의식이 포함됐다. 그러나 그렇다고 해서 우리 관계의 권력 구조가 변화한 것은 절대 아니다. 보스트윅은 완벽하게 내 손안에 있었다. 카드는 전부 내 손에 있었다. 물론 그는 내가 자기 이야기를 글로 쓴다는 데 동의했고, 그도 나와의 만남에서 뭔가 얻기를 원했다. 인터뷰 대상도 기자를 조종하려 들지만,(엄밀히 따지자면 전혀 조종하지 않는 경우는 극히 드물다) 그렇다고 해서 기자의 죄가 가벼워지지는 않는다. "두 번 틀렸다고 옳은 건 아닙니다." 소탈한 보스트윅이 재판 도중에 즐겨 인용한 그의 어머니 말씀이 옳다. 우연히도 보스트윅의 목적과 서술자로서 내 목적이 일치했다. 그러지 않았다면, 나는 아마도 보스트윅의 감정이 상할지를 따지기보다 독자가 관심을 보인다고 판단한 것을 우선시했을 것이다. 하지만 꼭 그런 것만은 아니다. 나 또한 글에 필요한 요소보다 사람의 감정을 우선시해서 저널리즘에 결례를 범한 적이 있다.

기자가 도덕적 교착 상태에서 고군분투하는 방식은 무한히 많다. 현명한 이들은 아무리 최선을 다해도 충분하지 않다는 사실을 안다.(그리고 대다수는 맥도널드와 맥기니스의 관계에서 드러난 어설프고 불필요한 위선을 회피한다) 어리석은 이들은 늘 그래왔듯이 자신이 모든 문제를 말끔히 해결했다고 믿는 편을 택한다.

기자와 살인자

1판 1쇄 발행일 2015년 11월 10일
지은이 | 재닛 맬컴
옮긴이 | 권예리
펴낸이 | 임왕준
편집인 | 김문영
펴낸곳 | 이숲
등록 | 2008년 3월 28일 제301-2008-086호
주소 | 서울시 중구 장충단로8가길 2-1(장충동 1가 38-70)
전화 | 2235-5580
팩스 | 6442-5581
홈페이지 | http://www.esoope.com
페이지 | http://www.facebook.com/EsoopPublishing
Email | esoope@naver.com
ISBN | 979-11-86921-00-5 03070
ⓒ 이숲, 2015, printed in Korea.